新教育文库·通识书系

36节电影课养成好习惯

——新教育“每月一事”电影课项目用书

新教育电影课项目组　李西西　/编著

山西出版传媒集团
山西教育出版社

图书在版编目（CIP）数据

36节电影课养成好习惯：新教育“每月一事”电影课项目用书/新教育电影课项目组，李西西编著. —太原：山西教育出版社，2016.7（2017.4重印）
（新教育文库. 通识书系）
ISBN 978-7-5440-8565-6

Ⅰ. ①3… Ⅱ. ①新… ②李… Ⅲ. ①电影文化-中小学-教学参考资料
Ⅳ. ①G634.950.3

中国版本图书馆CIP数据核字（2016）第144375号

36节电影课养成好习惯——新教育“每月一事”电影课项目用书
36 JIE DIANYING KE YANGCHENG HAO XIGUAN XINJIAOYU MEI YUE YI SHI DIANYING KE XIANGMU YONGSHU

文库统筹 童喜喜
特邀策划 文龙玉
出版统筹 潘　峰
责任编辑 王介功
助理编辑 白　宁
复　　审 杨　文
终　　审 郭志强
装帧设计 薛　菲
印装监制 贾永胜

出版发行 山西出版传媒集团·山西教育出版社
（太原市水西门街馒头巷7号　电话：0351-4035711　邮编：030002）
印　　装 山西新华印业有限公司
开　　本 720×1020　1/16
印　　张 17.5
字　　数 237千字
版　　次 2016年7月第1版　2017年4月山西第2次印刷
印　　数 7 001-10 000册
书　　号 ISBN 978-7-5440-8565-6
定　　价 38.00元

新教育文库

总序

教育实验是一项细致而长久的工程，需要通过一代人去影响另一代人，不能急于求成，不能故步自封，一定要学会等待，一定要耐得住寂寞。

新教育实验更不例外。

中国教育有许多弊端，但仅仅是怒目金刚式的斥责和鞭挞，虽然痛快却无济于事。对于中国教育而言，最需要的是行动与建设，只有行动与建设，才是真正深刻而富有颠覆性的批判与重构。

新教育实验就是寓行动于重构之中，寓批判于建设之中。

新教育要做的，就是给教师和学生一种幸福完整的教育生活、一个开阔无垠的精神视野，让他们更深切体验人的内心的复杂性，不但要了解生命的伟大和宇宙的博大，而且要感受生活的丰富与人性的丰厚。

从2000年《我的教育理想》的出版，新教育思想悄然萌芽，到2014年"新教育文库"的第三版修订，此时此刻的中国大地上，2000多所学校的200多万新教育师生，正走在新教育的路上。

以追寻理想的执着精神、深入现场的田野精神、共同生活的合作精神、悲天悯人的公益精神，埋首耕耘，成就我们的人生、我们的教育、我们的民族。这就是新教育精神的本质内涵。

新教育追求高度，但永远不会高高在上；新教育培养卓越的教师，更关注普通的教师；新教育不是一个精英俱乐部，而是一个宽容开放的团队。新教育始终敞开胸怀，永远等待、拥抱理想主义者。真实的新教育，永远在田野中，在千千万万默默无闻的普通老师的教室里。

新教育人，就是这样一群有着共同梦想，遵守共同标准的志同道合者。彼此为对方的生命祝福，彼此珍惜生命中偶然的相遇，彼此作出郑重承诺，共同创造一间又一间完美的教室，共同书写一篇又一篇生命的传奇。

新教育不求无懈可击的理论体系，而是强调行动起来，在实践中思考，在实践中提升，在实践中成长。帮孩子成为自己，让我们成为自己，一个完整的幸福的自己。我们不是人类文明的创始者，但人类文明可以通过教育的伟大理想穿越时空，通过我们今天的行动变为现实。

当然，我们也知道，只有对新教育的认识从“概念”向“信念”推进，由“理想”转向“思想”引领，激发出人们深沉的情感、执着的意志，从精神世界的积淀表现为主题的自觉行动时，新教育实验才可能真正成为人生力量和教育智慧的策源地。

“新教育文库”，正是总结、梳理、传播新教育人的所行所思所得的一种努力。无论是经验还是教训，这一路跋涉的足迹，将成为指向明天的路标。在这套文库中，不同书系有着不同定位：我们希望用“通识书系”积淀下新教育的根本书籍，用“蒲公英书系”及时总结一线教育经验，用“萤火虫书系”全力搭建家校沟通的平台……我们并不准备用一部部书籍堆砌功名的城堡，但我们盼望这一部部心血凝成、行动书写的图书，能够成为一块块砖石，铺就一条通往彼岸的桥梁。

那么，新教育的彼岸是什么模样？

我想，彼岸是一群又一群长大的孩子，从他们身上能清晰地看到：政治是有理想的，财富是有汗水的，科学是有人性的，享乐是有道德的。

亲爱的新教育同仁，我们正在这条通往彼岸的船上。让我们同心同行，过一种幸福完整的教育生活。

行动，就有收获。

坚持，才有奇迹。

朱永新

2016年6月20日于北京滴石斋

电影课里的幸福人生
（代序）

人们常将电影称之为继诗歌、舞蹈、音乐、戏剧、雕塑、绘画之后的第七艺术，或许，我们可以更直接地把电影称之为浓缩的人生。在方寸之间，在那以分钟计算的时光里，观众通过观看别人的故事，回味着自己的酸甜苦辣，收获着不同的人生感悟。在这信息时代，影像传播的威力也越来越大，电影更是以其综合艺术的高度，以视觉文化的方式，在悄悄改变着人们的生活，甚至潜移默化地影响着观众的人生。

电影的感染力、传播力、影响力、教育力，都是如此强大，新教育实验也非常重视电影的教育功能。这些年来，许多新教育人都从不同侧面，探索着如何把优秀电影融进新教育的各项工作，尤其是进行课程的全面研发与深入开展。

作为新教育电影课项目负责人的李西西，是其中研究最为专注，耗费时间也特别长的一位。甚至可以说，他的这个电影课项目，是我千呼万唤“催”出来的。

西西从2011年9月加入新教育实验，没过几个月就主动提出他要研制电影课项目。我当时一听，就寄予了很大的期待。因为我知道，西西是一位儿童文学作家，有着儿童般的善良真诚，也有着作家特有的文学气质。他一直认为，优秀的电影，可以让人们同时看见三重世界：理想世界的影子、生活世界的镜子、心灵世界的自我，所以优秀的电影就是一本伟大的人生教科书。

同时，我知道西西还是一位编剧。他担任编剧之一的《天上掉下个猪八戒》是一部备受欢迎的动画片，不仅在中央电视台热播，还获得了很多奖项。对影视创作的多侧面了解，也培养出他良好的审美情趣。如何把电影之美与教育之需相结合，如何让电影能够更好地从课程的角度切入，发挥出更大的作用，这是让他苦思冥想的问题。

可从电影课项目立项开始的这几年里，我每次见到西西，几乎都会催问研制得怎么样，他每次总是回答快了，快了，却一直没有动静。直到这个明媚的5月，他突然把这部《36节电影课养成好习惯》的书稿送到我的面前。

虽然耗时四年多，但是，在看见书稿时，我很欣慰。

在新教育已有的研究基础上，西西和他的团队从新教育“每月一事”的主题出发，围绕着勤俭、守规、公益、环保等12个主题，分为低、中、高三个年龄段，从低段的幼儿至小学一年级，中段的小学二年级至小学五年级，到高段的小学六年级至初中，每个年龄段每个月对1部电影进行详细导赏推介，对1部同类电影进行简单推介，一共推荐了72部优秀影片，实用性很强。

更重要的是，和现在一般可见的电影教育类图书不同，西西和团队在创作的过程中，把详细推介的每一部影片都分为影片信息、影片赏析、教育要点、共鸣共行、相关推荐五个方面进行深入探讨。这样的研究框架设计，让每部影片的导赏既有骨架又有血肉，兼具可读性和操作性，既有知识的积累又有叩问的启发，不仅能够帮助师生更好地理解习惯主题的内涵，还以主题为核心，进行了更为丰富的拓展。

如果说有什么不足，那么最遗憾的是碍于篇幅所限，这部书稿里少了电影课叙事的环节。我一直认为，记录那些观赏电影中发生的师生交流、亲子碰撞，本身也是教育的一部分。所以交出书稿，不是研究的结束，而是研究进入新阶段的开始。

当然，在西西交出这份电影课研究的成绩单之前，我也知道他这些年在新教育里并没有闲着。他把属于舞台的光鲜给了别人，自己则悄悄退到了幕后。新教育团队的专职人员不多，他一直身兼数职，从每一年的新教育工作月历等各类资料的设计，到新教育萤火虫团队承办的各种会议的手册、资料袋、会议背景、会务证等的设计，从没有邀请过专业设计团队协助，都是由他一个人完成的。当团队越来越庞大，事务也越来越多时，他甚至承担起了会务工作、财务工作、外联工作。西西不是那种特别擅长和人打交道的人。但他率真的性格、温和的处事方式、包容的态度，让他在长期工作中被越来越多的人了解，赢得了越来越多人的信任和喜爱。

在前不久的新教育晨诵研制中，西西不仅提出了结合学生年龄段，以诗歌构建世界文明体系的建议，还围绕自己的建议列出了供参考的优质作品。他多年博览群书的积淀、跳出教育看教育的宽阔视野，不由得让我刮目相看。

就在看见这部书稿的同时，我更高兴地听西西介绍说，这几年来，其实相关分主题的研究一直在同步进行，另外两部电影课的研究作品也会在一年中陆续出版。

我相信，教育是润物无声的过程，教育研究需要厚积薄发的力量。有了这些年的积累，接下去西西率领的新教育电影课项目组，一定能陆续推出更多更好的成果。当电影作为一种寓教于乐的教育内容和教学工具，就会有更多师生因此而享受到完整幸福的教育生活，收获完整幸福的人生。小小的电影里，藏着大大的乾坤。

我也相信，刚刚调任到新阅读研究所担任执行所长的李西西，能够在新的工作平台上更加从容地施展自己的才华。因为，见证着西西这几年的悄然成长，总让我不由得想起同为儿童文学作家的舒比格写的那段意味深长的话："洋葱、萝卜和西红柿，不相信世界上有南瓜这种东西，他们认为那是一种空想。南瓜不说话，只是默默地成长。"

朱永新

2016年5月21日于北京滴石斋

好电影培养好习惯

——新教育电影课项目实施纲要

李西西

现在中国正值转型期，一线教师的压力之大可能是前所未有的。如何设计出吻合教育根本规律又简便易行的课程，如何为一线教师的教学提供更多有效的工具，是我们努力的初衷。

新教育电影课项目组于2012年1月成立。这个项目缘起于我2003年在神农架山脉的一所偏僻小学支教。我意外地发现，当地的孩子尽管每家都有电视，但还是对电影特别入迷。当时我还以为这只是一种简单的好奇心。到了2006年，我开始了影视编剧的创作，并有幸跟随上海美术电影制片厂前任厂长方润南老师学习电影剧本创作。这项工作要求我更深入地了解孩子的心理和影视的规律，在其中我逐渐发现影视，尤其是比电视短小精练的电影，对于孩子成长所起的作用。所以，2011年我来到新教育任职后，启动了新教育电影课的研究。

皮亚杰告诉我们："每告诉孩子一个答案，就剥夺了他们一次学习的机会。"从这个意义上来说，所有的电影都是教育电影。因为，电影不会解决问题，而是抛出问题。但是，作为一种课程门类的电影课，当然没有这么简单。

一、电影课的力量

法国教育部顾问、当代著名思想家埃德加·莫兰指出，电影如同生活的学校，即是语言的学校、发现自我的学校、人类复杂性的学校、人类的学校，这一切"应该汇聚起来以变成理解的学校"。

简单地说，电影就是把孩子的知识变为经验、变为创造力的学校。

所以，经过适当选择的电影，就是一种简便、快乐、有效的课堂。借助于电影这个有效的工具，寓教于乐地开展教育，既为生活提供更有趣的享受，也为生命提供更丰富的养料，更为孩子的成长提供更有效的帮助。

电影真有那么大的力量吗？首先，我们必须牢记一点：电影是一种最简单直接地模仿生活的艺术，因此，孩子接受电影的障碍小，兴趣也格外强烈。这个特点导致了电影课的课堂，并不需要我们付出太多努力。只要有了相应的参考资料，教师只需要了解简单的方法，坚持使用，就可以产生奇迹。其次，优秀的电影，可以让人们同时看见三重世界：理想世界的影子、生活世界的镜子、心灵世界的自我。

100多年前，电影已经被誉为诗歌、舞蹈、音乐、戏剧、雕塑、绘画之后的第七艺术。今天，电影艺术的发展已经达到了前所未有的高度。在电影艺术的世界里，有无数伟大的、优秀的电影等待我们去观赏。当我们看完一场电影，三重世界就融合为一体。我们距离理想的自己又近了一些——这，就是教育的目的：成为最好的自己。

因此，电影可以成为教育的扩音器。

电影通过时间的控制和再造，通过影像的录制和剪辑，通过音乐的渲染和感召，能够在瞬间营造出另一个世界。在这个世界里，你想对孩子说的话，其效果都被扩大了，起到了扩音器的作用。只要选择了适当的电影，教育工作者——无论教师还是父母，都可以把对孩子进行教育的效果扩大一千倍，一万倍，都可以把教育理念特别强烈地传达给孩子。这就是电影的力量。

同时，习惯的力量也是惊人的。著名教育家叶圣陶说过：“教育是什么？往简单方面说，只需一句话，就是要养成良好习惯。”习惯养成教育，是新教育多年来研究的主题，并以“每月一事”项目进行过深入探索。

根据伦敦大学学院发起的一项相关研究，人们发现习惯的养成并不像最初很多人所说的21天那么简单，而是“在培养习惯初期，重复某一行为能为养成习惯奠定非常牢固的基础”，但“随着时间的推移，这种帮助作用就越来越小”。对一些简单的习惯，如早餐喝一杯水这一类，21天可以养成，对于更加复杂的习惯，就需要花更长时间。

《36节电影课养成好习惯》一书，正是以新教育“每月一事”项目研究出的12大习惯为基础，根据不同主题遴选出合适的电影，借助电影的力量，促使习惯养成并且能够尽快真正养成。围绕着勤俭、守规、公益、环保、劳动、审美、健身、友善、好学、感恩、自信、自省等12个主题，我们把观众分为低、中、高三个年龄段。低段为幼儿至小学一年级，中段为小学二年级至小学五年级，高段为小学六年级至初中。

针对每个年龄段，我们根据“每月一事”的主题提供了1部电影，并进行详细推介：从影片信息、影片赏析、教育要点、共鸣共行、相关推荐五个方面，提供具有操作性的系列建议；同时，我们在相关推荐环节，还对1部同类电影进行简单推介。全书共推荐了72部优秀影片。

我们力争通过这样的框架，使每部影片在观赏中，让所有观众都能有感性的广度和收获，作为教育者的教师或父母又能有理性的高度与指点。尤其是围绕电影，我们在“共鸣共行”中设计了两组问题，分别对共同观赏电影的成年人和孩子，进行不同的提问。这种叩问心灵的方式，不仅便于更加深刻地反思电影，更加细致地揣摩主题，还可以启发大家结合自身进行思考，向着知行合一的境界迈出一步。

二、电影课的原则

电影课，有两个层面的含义：电影就是教育，观影就是课堂。它比文学阅读门槛更低，比各类游戏内容更丰富，比日常生活内涵更集中。通过电影课，我们可以建立一个顺畅交流的良性系统。为此，我们也应该遵循一些简单而必要的原则：

1. 精心选择

选择合适的影片。围绕不同的主题进行选择，并将电影的观赏与生活的言行相结合，是电影课成功的基础。

如果说遭遇就是教育，那么，选择决定了遭遇。给孩子选择怎样的电影，就像给孩子选择怎样的食物，会直接影响孩子的发育。

我们选择电影时必须遵循新颖、真实、积极、情境这四大标准。新颖是指观念之新。只要观念现代，哪怕是80年前拍摄，也属于新片。真实是指不矫揉造作，不虚假，不粉饰太平，而是能够面对问题，乐观向上，激发思考。积极是指选择符合心理需求、娱乐性与思想性并重的电影，并且以积极的角度来观影。情境是指立足当下，或结合身处的环境，或针对孩子面临的问题，或根据孩子不同的性格，进行选择。

2. 共赏共议

我们倡导“共赏共议”的观影方式。只有这样，电影才会成为电影课，师生、亲子才会在这一轻松愉快的活动中建立共同的语言密码，避免成为同一屋檐下的陌生人。

3. 积极包容

用积极开放的心态来对待电影内容。电影就是人生的缩影。一方面，我们要主动为孩子选择电影，为孩子推荐饱含真善美的营养；另一方面，我们要尊重孩子看电影中的讨论，用包容、尊重的心态去引导，而不是对孩子进行阻碍与压制。

4. 兴趣第一

娱乐第一，激发并保持兴趣；润物无声，寓教育于无形。电影课里看电影不是为了强制写观后感，更不是为各种说教提供一个响亮的借口，而是要以“玩”的方式上电影课，这才能实现真正的教育。

5. 奠基根本

每个人都应该找到属于自己的根本电影。对于孩子来说，这部电影是孩子的人生镜像。在这部电影中，或者是主人公，或者是故事背景，能让孩子在其中看到自己的影子。这部电影可以多次地看，如同翻开一本书，每次翻阅的光景都会有新的感受。当然，这部电影需要不断地寻找才能找到。

三、电影课的操作

通过实践的反复摸索，我们认为，电影课在开展过程中一般应该遵循以下几个步骤。

1. 背景介绍

在观影之前，对电影拍摄情况、原著创作背景、影片导演与原著作者进行简单的介绍，甚至对电影的海报设计、影片花絮等资料进行交流。

相关信息对于成年人来说，只是随口聊天。但对于孩子来说，每一种信息，都是给他们打开一扇窗户。电影拍摄背后的故事，会激发孩子对电影的好奇心，让他们对影片更感兴趣；也会激发孩子的想象力，让他们在观赏影片之前自己就可以勾画出一个世界；甚至有可能会让他们对与影片有关的学科知识感到趣味十足。

2. 电影观赏

之所以叫电影课，而不叫电影推荐、观影指南，其间有个本质的不同，就是在我们看电影的过程中，会有刻意的停顿。停顿，是为了激发起思考。一般来说，一次电影课停顿一次，最多不超过两次。停顿的选择，从电影本身的表述而言，在前一段冲突结束的时候；从学生学习的节奏而言，在两节课之间进行停顿。

我们可以与孩子进行讨论，或者鼓励孩子之间彼此交流。至于讨论或者交流的主题，可以总结前面的内容，推测与讨论后面的发展，等等。

我们把建议做的事情归纳为六个一：(1) 停一停：休息一下。(2) 想一想：电影里发生了什么。(3) 问一问：怎么了？为什么？还会怎样？(4) 说一说：表达感受。(5) 猜一猜：人物或情节接下去会怎样？(6) 找一找：如果电影是根据图书改编的，找出原著和电影有什么不同。

3. 回味瞬间

电影播放完毕，对影片中最让自己印象深刻的瞬间进行交流。不讨论对错，只是纯粹互相分享，并回到那个瞬间。有一位新教育种子教师封雪莲老师，在她的影响带动下，学生和父母在家里看完电影后，还模仿电影片段进行配音。类似这种对经典台词的模仿对话，能够促使模仿者把感情最大限度地寄托到语言中，不仅能够迅速提高孩子的朗诵能力、阅读能力，而且专家研究发现：丰富的词汇将会大大促进孩子智力的提高，因此是一种极具教育效果的方法。

4. 主题研讨

讨论电影人物的性格、命运。这时的讨论，就不再是仅仅讨论电影故事，而是围绕故事中的人物，把性格、命运、故事走向结合起来，让孩子明白事情在偶然之中的规律，从而形成潜移默化但十分深刻的教育。这样的讨论，能够让孩子学会更为全面地理解故事。

5. 音乐欣赏

电影观赏完毕，影片中的音乐应该在一段时间内进行播放。如此可借助音乐的力量，让心灵不知不觉回到影片中进行品味，达到余音绕梁的效果。尤其是特别喜爱的电影，我们可以把电影里的背景音乐在家里播放，这样的音乐会在一段时间成为生活的背景音乐，从而达到最大程度的感染。

6. 衍生阅读

如果电影是根据图书改编的，可以阅读原著。以找出书籍与电影的不同点为由头，让孩子轻松走进书籍。如果电影没有原著图书，可以倡导进行相关主题的图书阅读。询问孩子为何会有这些不同，激发孩子在轻松的状态中深入思考。

电影是什么？罗伯特·休斯说："人们将他们的历史、信仰、态度、欲望和梦想铭记在他们创造的影像里。"埃德加·莫兰说："电影艺术的特性，就在于它能为自我逃避和自我发现提供无限的可能性：世界触手可及，宇宙组合千变万化……主人公让观众看到了自己的化身，并为之兴奋不已。"所以，电影既是假的，又是真的。其真实在于，我们应该相信电影里那个诗意世界的存在。

无论在怎样的社会制度下，教育，都是一个人命运的转折点。无论对于教师还是父母，引领孩子在电影课中学习和成长，并不是额外的工作，而是利人利己的教育技巧。相信诗意的存在，我们才可能在劳作之余诗意地栖居，我们才可能真正拥有一种幸福完整的教育生活。

当然，尽管对电影课经历了四年多的潜心探索，我们还是认为：一切才刚刚开始。正如启蒙时代的思想家蒙田说过的那样："除了知道抚养孩子和教育他们是人类最重要也是最为困难的学问以外，我对教育一无所知。"

但我们必须说，我们已经起步了。

我们全力以赴地探索着。

我们正在路上。

目录

四月份：环保

五月份：劳动

六月份：审美

十月份：感恩

十一月份：自信

十二月份：自省

一月份

勤俭

First prize in 18th Sao Paulo Film Festival
First prize in Aubervilliers
First prize in Belfort
CICAE Award in Dunkerque
水缸
The Jar
a film by Ebrahim Foruzesh

勤俭是积累，让人生奠定厚积薄发的基础；勤俭也是挖掘，将世界变成了一座富矿。《朱子家训》中说："一粥一饭，当思来处不易；半丝半缕，恒念物力维艰。"当勤俭成为习惯，就栽下了摇钱树，就创造出了聚宝盆。

同时，勤俭还是获得幸福的捷径。人们都知道，知足常乐。索求无度，自然无法平静也无法幸福。勤劳又节俭的人，自身付出的努力多，对外界要求却不高，特别容易知足，也就最能感受幸福。

节俭和分享都是美德

——《阿凡提之吝啬鬼》

导赏：王艳（湖北省宜昌市枝江市江口学校）

影片信息

影片名：《阿凡提之吝啬鬼》

导 演：曲建方　靳夕　刘蕙仪　蔡渊兰　金芳铃

类 型：动画

制片国家/地区：中国

语 言：普通话

上映时间：1979年

片 长：34分钟

影片赏析

半夜三更，巴依老爷打开门在院子里挖坑，埋金子……第二天早晨，巴依老爷外出办事，啃着一根骨头，看门的狗看着骨头直流口水，可巴依老爷把扔了的骨头又捡回来，原来上面还有些剩余的肉。继续啃完，然后扔回给小狗，可是凭空跳出来一个盆接住了骨头，巴依老爷的老婆提醒说："老头子，你忘了，骨头还要留着熬汤呢？"巴依老爷回头说："是啊，熬了汤再给狗吃！先给它吃半根，留下半根明天用！"

这就是电影的开始。这就是一个吝啬鬼的形象。通过对比，看到拥有那么多财富的巴依老爷，却在对待一只狗上面是如此吝啬，想象一下，他会怎样对待人呢？

果然，长工库尔班将他们吩咐的事做得井井有条，可是一向巴依老爷开口借钱盖房子，他就说自己是穷鬼。看看他是怎么对待库尔班的：

库尔班的房子倒塌了，巴依老爷从这里经过，问："库尔班，你的房子怎么塌了？"

库尔班问候道："哦，是您啊，巴依老爷。"

没想到巴依老爷说："别叫我巴依，真主作证，我是最最最最穷的。"

库尔班回答："那么就要叫您穷巴依老爷啦?"

巴依老爷还问库尔班："我说你呀，为什么不早点修房子？去年我就提醒你了呀。"

库尔班说："当时，您不肯借我钱。"

巴依老爷急了："别别别跟我提钱，别提钱。我问你啊，我的羊群，我的马，我的骆驼，怎么样啊?"

当然，好得不能再好了。

这时库尔班刚要提借钱，说眼看着天要冷了，话还没说完呢，巴依老爷就匆匆忙忙骑上驴，还留下忠告："不要借钱，向真主祈祷。"

一日，巴依老爷出门办事遇到狼，幸得库尔班及时相救才保住了性命，不想他反过来责怪库尔班用枪打破了狼皮。

《阿凡提之吝啬鬼》剧照

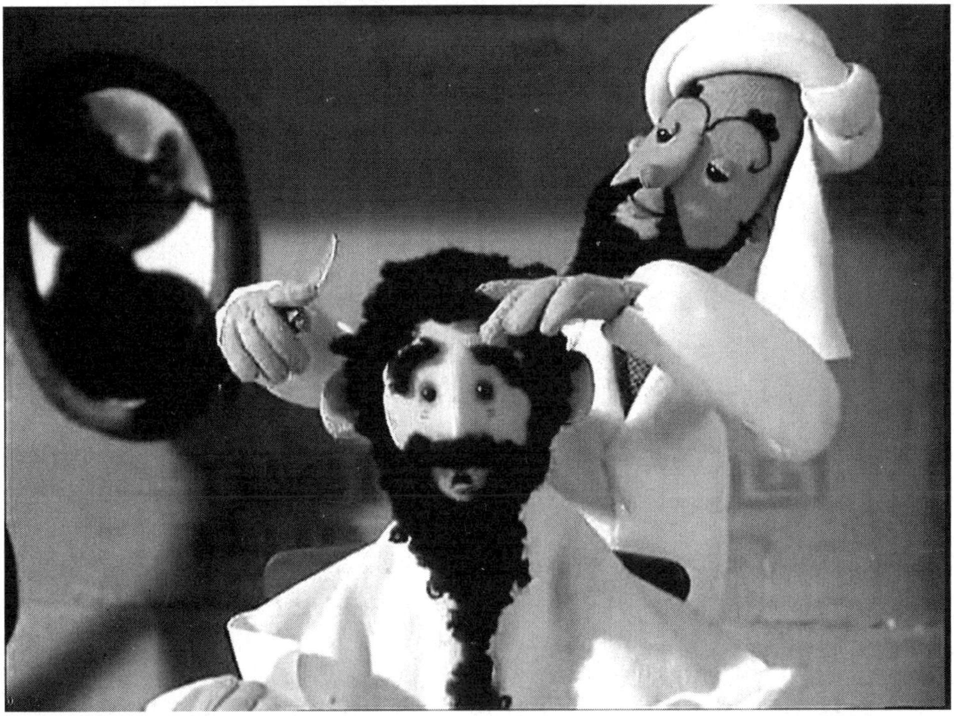

《阿凡提之吝啬鬼》剧照

到了集市上，巴依老爷想要剃头，在那里讨价还价，十个铜板也不愿意付，只想出一个子儿。这时阿凡提出现了。

于是就有了阿凡提智斗吝啬鬼老爷的三个故事，环环相扣，妙趣横生。

阿凡提为巴依老爷剃头，用头发可以换钱做诱饵，问他要不要。他满口答应，让阿凡提剃光了自己所有的头发。为了钱，他让阿凡提把自己的胡子、眉毛也剃光了。他这种视财如命的做法引得大家哄堂大笑。

巴依老爷为了遮丑，去买帽子，可是不愿出更多的钱，就想买块布做顶帽子。阿凡提根据他想要更多帽子的贪念，跟他打赌如果阿凡提做出10顶帽子，他就借钱给库尔班盖房子。果然，巴依老爷上当了，等到他看到自己10个手指尖上戴着的小帽子的时候哑口无言了。

房子盖好了，巴依老爷贪心再起，想霸占漂亮的新房子，说库尔班借了钱，就要拿二楼来抵债。阿凡提和乡亲们惩罚了巴依老爷两口子，利用巴依老爷要二楼的理由，把一楼拆除，为穷困的库尔班拿到了盖房子的钱。

教育要点

吝啬鬼的形象是世界级的经典文学形象，欧洲文学中的四大吝啬鬼是莎士比亚喜剧《威尼斯商人》中的夏洛克，莫里哀喜剧《吝啬鬼》里的阿巴贡，巴尔扎克小说《欧也妮·葛朗台》中的葛朗台，以及果戈理小说《死魂灵》里的泼留希金。在中国，各种文学作品中有很多小气鬼、吝啬鬼的故事，例如，严监生的两个指头、周扒皮的半夜鸡叫等，阿凡提系列作品中的吝啬鬼故事也是其中的代表。当然，对于低年级的小朋友，阿凡提的故事可能更有趣。

阿凡提在故事里表现出来的智慧也是令人钦佩和称道的。他不是利用武力，而是借助语言的力量战胜了巴依老爷，为穷苦人争取了盖房子的钱，有着一种侠义的风范。

这些古老的民间故事中蕴含着哪些教育的要点呢?

1. 期待分享，但适得其反

儿童的分享和自私不是天生的品质，而是后天习得的。

在这个方面，父母会经常遇到这样的问题：自己的孩子拒绝和任何人分享玩具、食物，或者其他的东西，比如，家里来了小客人，父母希望孩子们可以在一起玩游戏，并且分享食物或者玩具，孩子却会把食物或者玩具从别人手里夺回来，不让别人碰。甚至是熟悉的妹妹、哥哥拿了他的东西，他也会发脾气，这样让父母非常尴尬。

其实父母是期待孩子分享的，在家里也会经常教育孩子学会分享。可是也有这种情况：孩子显得非常大方，什么东西都会搬出来与人分享。比如在一年级的时候，发生过很多次，孩子在家里拿了很多钱，来到学校，分给同学，不到一会儿，钱就被“分享”完了。因此，父母要给孩子灌输正确的分享理念。

2. 学会勤俭，要积极践行

在电影中表现的是更为艺术化的吝啬，在实际生活中，我们要运用合适的方法帮助儿童建立节俭的好品质。

新教育“每月一事”非常重视勤劳节俭的习惯培养。勤劳节俭是中华民族的优良品德，是国家发展、社会进步的精神需求和实际需要。懒惰和浪费损失的不仅仅是物质成果，更严重的是损毁了积极向上的民族精神和人的道德情操。我们通过主题活动，引导孩子们认识并学会辛勤劳动，不懒惰，不攀比，花钱得当，学会储蓄，爱惜物品，修旧利废。

低年级的小朋友要从分享中学会节俭，但是我们对于小朋友的勤俭训练要有一定的原则。首先，节俭并不是不分享。吝啬的巴依老爷总是觉得自己的钱永远不够，自己也是省吃俭用，从不享受，这种已经不是节俭，而是病态的吝啬，是一种不正确的金钱观。其次，节俭就是在一毛不拔的吝啬和随意浪费的大方之间的平衡点。我们以前看《阿凡提》总会想到劫富济贫，但是在现实生活里，我们大部分人的生活和经济确实需要精打细算，即使是富有的人也会很重视孩子的财商培养。

而在我们的教育生活中，父母对孩子的评价常常会影响孩子后天习得正确的处理金钱和分享的能力。有的父母教育孩子要大方一点，有的父母教孩子要管好自己的东西，一点都不能少。前者孩子慷慨大方了，可是没有原则，也无控制，父母只好自食其言，出尔反尔，让孩子无所适从；后者斤斤计较，寸步不让，弄丢了一小块橡皮也会惩罚孩子，让孩子更加自私自利。

此时，父母的教育就要注意，在需要分享的交际场合，父母要告诉孩子解决问题的方法，比如，你应该怎么做，可以让小朋友和你一起玩，或者告诉孩子，你应该分享你的书，要不然就没有小朋友愿意和你玩。你分享了你的玩具，小朋友会更喜欢你。当然，在日常生活中，还必须教给孩子什么时候适合分享，什么时候不分享也没关系，什么时候还可以用更好的双赢的交换分享方式解决问题。

3．勤俭训练，需尊重选择

尊重孩子的选择，这也是在训练中要注意的原则。

在孩子三岁之前，不经过培养和帮助，不要期待孩子会分享，即使他们表现得非常大方，其实也不是真正理解并内化为行动的正向行为。三岁之后，有的孩子在父母的训练下，变成很大方的孩子，但是分享有时候也是在外界压力下促成的，并不容易。作为成年人，不也会有一些不想和他人分享的东西吗？儿童也应该有自己的界限，不是必须每一件东西都要和每一个人分享。孩子不愿意分享的时候也不要说孩子自私，或者给孩子贴上什么不礼貌或者不尊重人的标签，而是要表达你对这件事的态度。当然，即使夫妻之间也是如此，成年人要学会表达自己的意愿。

在电影里，阿凡提的非暴力手段机智地引导巴依老爷自愿掏出了金币，这是一种极端的例子，但是阿凡提的方法却值得我们父母借鉴。

首先阿凡提是为了帮助穷苦人库尔班，分享金钱是为了这个慈善的目的，也就是建立了同情心。其次巴依老爷并不是没有钱，而是不愿意拿出钱来。对于孩子来说，分享也不可能是无法做到的事情，条件允许的情况下，在同情心的驱使下，孩子们一定是可以分享并帮助他人的。

作为父母，要给孩子树立一个尊重财物的榜样，也可以身体力行做到乐善好施，同时利用家庭会议，讨论分享或者节俭的感受，全家人一起商量一个共赢的解决方案。

共鸣共行

请你问一问孩子——

不愿意分享，为此吵架的感觉怎么样？

别人有的玩具，你没有，也不在我们的购物计划里，你会怎么样？

你有某些东西，而好朋友没有，他会是什么感觉呢？你会和他一起分享吗？

在幼儿园里，小朋友们怎样分享玩具？

分享之后，看到小朋友们一起玩，心里高兴吗？

有借有还，再借不难。在孩子的交际过程中，我们要注意引导孩子体验借还物品的过程，比如可以借助电影，扮演库尔班向巴依老爷借钱，让孩子表演巴依老爷慷慨借钱的变化。可以问一问，为什么借钱给库尔班？体验库尔班没有房子过冬的困难，也可以设计库尔班以后会怎么还钱的故事。

请你问一问自己——

如果你是孩子的父母或者老师，你是否也曾经为孩子的节俭问题伤脑筋呢？你是否也曾经自以为科学理性地教育了孩子要大方地把自己的玩具给其他小朋友，而没有尊重孩子的心理感受呢？你是否也认为只要是自己可以承受的消费就应该为孩子买单呢？希望看了这部电影，你能自我反思，像阿凡提一样，用智慧让孩子在经济社会培养良好的勤俭习惯，提高孩子的财商，让你的爱带着孩子真正地富有——富有金钱，也富有爱心。

相关推荐

推荐影片信息

影片名:《节约的小猪》

导 演: 福特 · 毕比

类 型: 动画　短片

制片国家 / 地区: 美国

语 言: 英语

上映时间: 1941 年

片 长: 4 分钟

李西西推荐语

大灰狼发起了凶恶的战争，在它面前，修建了草房的猪老大、修建了木屋的猪老二，以及修建了坚固砖屋的猪老三，谁才是真正的节约小猪呢？

信任与鼓励，超过金钱的支持

——《小海》

导赏：郭良锁（山西省忻州市忻府区东石学校）

影片信息

影片名：《小海》
导 演：段斌
编 剧：丛者甲　付起凤
主 演：童勤伟　张焱　姚积纹
刘海波　王志刚
类 型：剧情
制片国家/地区：中国
语 言：普通话
上映时间：1981年

影片赏析

海鹰学校天真活泼的五年级学生岳小海和妹妹岳小燕得知全国航模在市里表演，他们因为没有票，只能与同学搭人梯在墙外面偷偷观看，被警察叔叔发现后遭到阻止。在航模团队临走的一刻，队里的一位叔叔赠给小海一枚徽章。这让他萌发了想做航模的愿望，从此开始了一段让人难忘的生活。

小海捡来旧的航模飞机，修复后去参加航模比赛并取得了胜利。柯大为同学不服气，又欺负小海买不起发动机，就提出下次进行带发动机的高级航模比赛，小海欣然应战。

在准备过程中，小海的爸爸、作家沈岩奶奶、少年宫廖老师、他的好伙伴们都积极支持，还有意想不到的某海军造船厂厂长薛振宇也给予了帮助。而妈妈怕他做航模影响学习成绩，竭力反对。班主任于老师也没收了他的参考书，并登门告状……

《小海》剧照

小海妈要烧掉小海收集的航模材料，性格倔强的小海没有气馁，反而迎难而上，愈挫愈勇。小海这种热心钻研的劲头得到了爸爸岳世海的支持，他把向妻子要来的买烟钱节省下来，给小海去买航模参考书及材料。买参考书的钱不够，小海就和妹妹一起利用课余时间背着家里去拣破烂儿卖钱；没有地方搞制作，他就利用一条被弃在海滩上的小船当制作室。

小海妈听信别人的传言，以为小海拣破烂儿卖钱是为了买烟抽，便狠狠打骂了小海。后来得知儿子在校学习成绩很好，他所买的香烟是给爸爸买的。小海妈为自己错怪了儿子深感内疚，当面对儿子说："小海，妈妈错怪你了。"她决心支持小海搞航模……

信任与支持，也是一种对孩子的管理。

教育要点

1．有一点自己的爱好怎么这么难？

小海做航模向妈妈要钱，而妈妈仅仅是给了买冰棍的钱，还说："用爸爸的地图纸玩玩就可以了，马上要毕业了，考不上重点中学，一切都是白搭。"这样的话，我们怎么这么熟悉？

小海航模比赛胜利了却被同学瞧不起，上课看航模书被老师没收，在书店看书遭遇售货员姐姐的冷嘲热讽……一个孩子如何面对这些不利因素？

2．"我们的爱"

"考重点中学，然后考重点大学，去实现你的理想，航模小组就不参加了。现在的任务是学习，学习，再学习。"老师说。"考不上大学，一切都是白搭。"妈妈说。

《小海》剧照

我们以爱的名义剥夺孩子追求理想的权利，孩子的自尊心因为我们的爱受到了不应有的伤害。孩子的自尊心，就是孩子良好的自我感受，是孩子对自身人格的珍视，是孩子内心所写成的一种深刻的积极向上的状态，必须认真呵护。

3．真实的我

当老师让小海介绍学习经验的时候，小海实话实说，老师发自内心地说："小海，你有志气有理想，是一个诚实的孩子，老师喜欢你。"我们在教育孩子的同时，其实孩子也在教育我们这些大人。

而大为的妈妈教育孩子的方法就显出她自身存在的不足：花钱大手大脚，做航模时让他人替儿子做航模弄虚作假。这样的人，输在底线上。

共鸣共行

请你问一问孩子——

你需要什么？你需要爸爸妈妈给你怎样的支持？

有时，钱是非常重要的；有时，爸爸妈妈的理解比钱更重要。当小海听到妈妈的那一句"小海，妈妈错怪你了"时，心里的宽慰是金钱所无法比拟的。

你能够像小海一样坚持追逐自己的梦想吗？其实，成绩好与坏，只能说明过去，诚实的品质比分数、名次更重要。

请你问一问自己——

看完《小海》，你向自己的孩子或者他人的孩子承认过错误或者道过歉吗？

我曾经为我的孩子写过一封长长的书信，就一件事向孩子承认我的做法不对，需要反思。人，不可能不犯错误，但是，你不能犯同样的错误。

看电影其实就是看自己，如何以行动表示"我错怪你了，孩子"，如何用语言表述"我误解你了，孩子"。放下大人的架子，弯下腰来，开诚布公地促膝谈心、写信，或者主动邀请孩子下棋、散步……只要你愿意与孩子沟通，你肯定能想出各种妙计来。

相关推荐

推荐影片信息

影片名：《搭错车》

导 演：虞戡平

编 剧：黄百鸣　吴念真

主 演：孙越　刘瑞琪　李立群　吴少刚

类 型：剧情

制片国家 / 地区：中国香港　中国台湾

语 言：普通话

上映时间：1983 年

片 长：89 分钟

李西西推荐语

小狗，聋哑老人，小女孩，三个孤独的灵魂，靠老人收破烂儿相依为命。

勤劳、美好的人再怎么贫穷，也并不低人一等。黄金有价，真情无价，一曲《酒干倘卖无》，诉尽心中无限事。

人性的甘泉

——《水缸》

导赏：库亚鸽（河南省许昌市襄城县库庄初级中学）

影片信息

影片名：《水缸》
导 演： 易卜拉欣・福鲁泽什
编 剧： 易卜拉欣・福鲁泽什
胡山・莫拉迪・柯曼尼
主 演： 贝赫扎德・胡达维斯
法蒂玛・阿兹拉
阿巴斯・哈瓦宁扎迪
类 型： 剧情
制片国家/地区： 伊朗
语 言： 波斯语
上映时间： 1992年
片 长： 86分钟

影片赏析

电影讲述的故事似乎很简单：在沙漠地区的小学里，用于学生们喝水的水缸突然裂开了，于是围绕着修水缸和买水缸展开了一系列冲突。或者连冲突也算不上——没有战争，没有打斗，也没有信仰分歧。这样的故事在中国的大地上，在任何地方，都可能发生。只不过故事的中心可能不是水缸。

故事虽然简单，但是也有曲折，有波澜，而每一次转折似乎都只是由微不足道的话语或事情引起的。

学校的水缸坏了，孩子们没法喝水，一个孩子告诉校长说有个男生的爸爸会修水缸，但他接着很肯定地说这个男孩的爸爸是不会来给学校修水缸的，因为他给人家做工得收钱，而学校没钱给他。男孩为了证明爸爸不是唯利是图的人，极力辩解说他爸爸一定会来的。男孩的爸爸没有答应给学校修水缸，这让他很尴尬，他不好意思去见老师，于是逃学。他爸爸知道后，把他追到学校，并到处追着打他。这时候，一个小孩子说：“我以为你是来修水缸呢，原来是来打人的。”这话刺激了男孩的爸爸，他同意修水缸。

《水缸》剧照

可是水缸并没有马上修好。校长让孩子们从家里带来修水缸需要的鸡蛋清和石灰，结果，大多数孩子都只带了石灰（大家都舍不得拿鸡蛋）。校长又想办法，骗家长说要拿鸡蛋画画用，还要打分。于是，孩子们都带来了鸡蛋。校长当然不是让孩子们在鸡蛋上画画，而是要补水缸。这时，一个孩子直言不讳：“校长我知道，蛋清是用来修水缸，蛋黄用来给你吃。”一句话让校长十分尴尬，他让孩子们把鸡蛋都拿回去。这样水缸修不成了。就在这时，一个孩子默默地把鸡蛋又放了回去，所有孩子都把鸡蛋放回去了。修水缸的材料齐全了。校长把蛋黄炒了，分发给孩子们就着面包吃。大家就等着水缸修好的消息了，可是当大家正在商量谁去喝第一口水的时候，水缸又漏水了。男孩的爸爸宣布水缸破裂太厉害，没法修，只能再买一个新的了。

校长给政府写了信，等待政府来解决问题。在等待的时间里，孩子们喝水的问题还是没法解决，大家只能跑到很远的小溪去喝水。这时，一个男孩在溪边喝水时掉进水里，并且发了高烧。男孩的母亲决心通过募捐的方法凑钱买水缸。她领着孩子们挨家挨户地募捐。大家都捐了钱，妇人的侄子拿着钱去买水缸却迟迟没有回来，于是流言四起，说她侄子用那钱在城里结了婚，也有说她的鞋子就是用募捐来的钱买的……影片最后，妇人的侄子带回了水缸，风沙在校园的土墙头扫过，新水缸在校园的一角开始新一轮的老化。

这部电影的成功，并不在于揭示贫穷、唤起同情，它打动人的地方，在于通过水缸的故事表现出了人性的善良与真诚，带给观众一种久违的纯真感动。同时也引起我们深思：在沙漠里，喝水的问题看似简单，解决起来却是如此艰难。

教育要点

1. 珍惜我们的“水缸”

一口水缸，竟然引出一个曲折的故事，这真有点让人难以相信。水缸真有这么重要吗？在现实生活中，别说一口水缸，就是那整天哗哗流个不停的自来水，我们曾经珍惜过吗？最常见的现象就是洗完手，人走了，水照样在流，似乎我们从不担心有一天水管里再也流不出水来。

事实上，即使在沙漠里，校园角落里的一口水缸在没有坏掉的时候，也没有人特别留意过它。大家每次从水缸里取水喝的时候，也没有觉得它特别重要、特别珍贵。如果不是有一天当孩子们想从水缸里取水喝，却发现水缸裂了无水可喝的话，也许水缸（或者说是水）一直就这样被漠视下去了。突然有那么一天，水缸坏掉了，大家没法喝水了。这时候，人们才发现平时不起眼的水缸，原来有这么大的用处，于是才想，一定要把水缸修好。

从这个角度讲，也许这个故事可以理解为一个隐喻：我们所拥有的明媚的阳光、清新的空气、漂亮的衣服、精美的饭食……都如沙漠里的水缸一样，有一天会突然坏掉，再也无法给我们提供生活的便利。如果想要避免“水缸”坏掉，那就只有珍惜、爱护。

2. 集体的事人人有责

沙漠里的水缸毫无征兆地坏掉了，不修好就没法使用。怎样修呢？按照常理，学校是政府的，当然要由政府来修。但是恐怕要等很长时间，这期间，大家都没水可喝。那可怎么办？既然水缸是给大家喝水的，那修水缸就是大家共同的问题了。当问题出现的时候，只能大家一起来想办法解决。于是有人发现一个学生的父亲就会修水缸，可以请他来修；于是同学们都从家里带来了对大家来说很珍贵的鸡蛋。

孩子们吃着校长炒好的蛋黄，眼神中流露出幸福和快乐。这场景让人感到温暖——其实孩子们在拿鸡蛋到学校画画的时候，就知道画画是假的，用鸡蛋修水缸才是真的，但最后大家还是把鸡蛋拿来了。在贫困的沙漠里，在把鸡蛋当宝贝的地方，为了修好学校的一口水缸，即使舍不得，大家还是小心翼翼地捧出了一枚枚鸡蛋。当校长被怀疑自己要把蛋黄吃掉时，生气地说不修水缸了，让大家把鸡蛋拿走。孩子们都沉默了，他们明白自己对修水缸的责任与义务。真诚与善良的本性使他们又一个一个把鸡蛋放了回去。他们知道，只有自己献出一枚鸡蛋，才能修好水缸，然后大家才能有水喝。这就是“人人献出一点爱，才能共渡难关”吧！

3．积极面对问题

当水缸彻底坏掉，再也没法修了，并且还有同学因为跑到溪边喝水遇到危险，大家意识到，水缸的问题必须解决，否则后患无穷。但现实是对学校请求买水缸的问题，政府迟迟没有回复。这也许是在教会孩子们要学会自己解决问题吧。既然是我们自己的事情，那我们就要承担起这个责任，就要自己去想办法面对困难。一个母亲带着孩子们开始挨家挨户募捐，每个人的力量是有限的，但当众人的力量合在一起的时候，买一口水缸是绰绰有余的。

那个母亲真的很勇敢，很值得敬佩。面对问题，她没有妥协，没有退缩，而是相信自己的力量，相信众人的力量。虽然募捐的过程是艰难的，虽然她遭到了大家的猜测和质疑，但她带着孩子们挨家挨户去募捐的时候，心里只想着买水缸这一件事，不达目的决不罢休。想一想，如果我们在面对困难和挫折的时候，也能全力投入，念兹在兹，又有什么事不能成功呢？

生活中的问题总是层出不穷，虽然不一定是水缸的问题，但是也许解决起来比水缸的问题更加困难重重。电影告诉我们，当问题不可避免，当困难突然降临时，不要逃避，不要推脱，把它当成自己必须面对的事情，

《水缸》剧照

把它当成一个挑战。办法总比问题多，当我们勇敢地面对问题的时候，一切问题都会迎刃而解。

4．教育重在亲历和体验

从电影《水缸》我们还可以看到，教育，不是空洞的说教。比如节俭，一味地告诉孩子节约用水、保护能源……他听到耳朵里，再从另一只耳朵飘出去。因为他并不真正知道节俭的意义何在，他没有真正体会到失去原本以为会永远拥有的东西是什么情况。就像电影中的孩子们，只有经历了没水喝的日子，才知道水缸的重要，才愿意付出代价来换水缸。我想，看过《水缸》，不需要老师多说什么，孩子们自会明白在以后的日子里该怎样节俭。

共鸣共行

请你问一问孩子——

电影中给你留下印象最深的是哪个镜头，为什么呢？

电影中的场景虽然离现实很远，但生活中总有些情况与电影中是相似的。比如，父母每天都给你很多零用钱，但突然有一天没钱给你了；有一天你不小心挂破了衣服，本想随手丢掉，却发现没其他衣服可换了……生活中有很多美好的事物，但这些事物都不是永远存在的。怎样珍惜拥有的东西，怎样用好自己拥有的东西，这的确是个问题。

请你问一问自己——

在生活中出现问题的时候，你是怎么做的呢？是像校长一样写封信求助于政府，还是像那位母亲一样，凭自己的信念，集中众人的力量来解决问题？虽然问题不同，但对于父母和老师来说，总有问题不断出现，以怎样的心态面对问题，以怎样的方式处理问题，会直接影响事情的结局。

相关推荐

推荐影片信息

影片名：《贫民窟的百万富翁》

导 演：丹尼·博伊尔　洛芙琳·坦丹

编 剧：西蒙·博福伊　维卡斯·史瓦卢普

主 演：戴夫·帕特尔　芙蕾达·平托　亚尼·卡普　沙鲁巴·舒克拉

类 型：剧情　爱情

制片国家/地区：英国　美国

语 言：英语　印地语　法语

上映日期：2009-03-26(中国)　2008-08-30(特柳赖德电影节)　2009-01-09(英国)

片 长：120分钟

李西西推荐语

一部城市童话。处在如此极端艰难残酷的生活里，勤劳和智慧还能不能改变主人公的命运？

二月份 守规

人生是一座诚信的大厦，每一块砖都垒在另一块砖之上。如果一块又一块砖都堆砌得歪歪斜斜，最终必然导致大厦的崩塌。

所以，如果谁不能遵守纪律，就会像断线的风筝，获得瞬间的疯狂之后，马上就会栽到地面上；如果谁不能守时，就是在浪费相关的所有人的生命；如果谁不能守信，就会消耗自己的声誉，成为被人漠视的对象。

做时间的主人

——《灰姑娘》

导赏：黄丽丽（山东省滨州市授田英才学园）

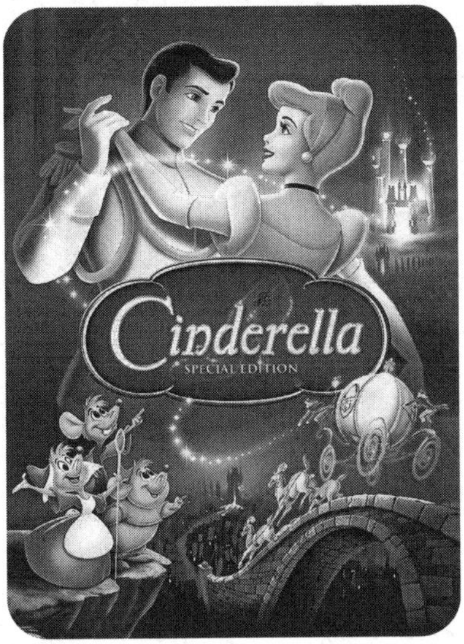

影片信息

影片名：《灰姑娘》
导 演： 克莱德·杰洛尼米
威尔弗雷德·杰克逊
汉密尔顿·卢斯科
编 剧： 夏尔·佩罗　比尔·皮特
主 演： 艾琳·伍兹　埃莉诺拉·奥德利
韦尔娜·费尔顿
类 型： 奇幻　家庭　爱情　动画　歌舞
制片国家 / 地区： 美国
语 言： 英语
上映时间： 1950 年
片 长： 74 分钟

影片赏析

影片《灰姑娘》根据《格林童话》改编。灰姑娘辛德瑞拉曾经是世界上最幸福的小女孩。不幸的是母亲早逝，令辛德瑞拉再也感受不到母爱的温暖，失去了公主般的童年。父亲娶了坏心的继母，不久也离她而去。辛德瑞拉的命运也随着父亲的去世而改变了。可怜的辛德瑞拉受尽继母和两个姐姐的欺侮、嘲笑，她们无时无刻不在想方设法折磨她，给她糟糕的住处、做不完的家务。晚上，辛德瑞拉已累得筋疲力尽，但她只能躺在灶旁的灰堆里睡觉。长年累月，弄得满身灰尘、肮脏不堪，辛德瑞拉成了“灰姑娘”。尽管过着艰难的生活，但她一直牢记生母的嘱托，为人始终善良、忠诚。她结识了很多朋友，老鼠、鸟儿、小狗都守护在她的周围。

国王要在王宫举行三天盛大的舞会，邀请所有的姑娘参加，王子要从中选一个未婚妻。两个姐姐都收到了请柬，她们打扮得漂漂亮亮去参加舞会了。灰姑娘却被继母关在家里，但她得到了仙女的帮助，最后架着南瓜马车去参加舞会。在舞会上灰姑娘与王子翩翩起舞，沉浸在幸福之中。然而12点的钟声即将敲响，魔法快要消失，灰姑娘不得不离开。大钟敲响的那一刻，她慌忙逃离，却留下一只水晶鞋。王子凭借着这只鞋，去寻找他心爱的灰姑娘……

虽然继母与两个姐姐百般阻挠，但是最后灰姑娘在她朋友们的帮助下终于穿上了属于她的水晶鞋，与王子幸福快乐地生活在一起。

《灰姑娘》剧照

教育要点

1．午夜的钟声

童话故事的情节大都曲折离奇、生动有趣，这部影片更是形象、通俗。它采用夸张、拟人、想象等艺术手法，充满了热情与理想。

影片中，灰姑娘是一个非常守时的人。在舞会的午夜时分，灰姑娘为什么要离开？仙女说过："当12点钟声响起时，咒语就会被解除，所有一切都会变回来。"当灰姑娘沉浸在与王子跳舞的幸福中，仍然保持着清醒和理智的头脑，不忘仙女的叮嘱。如果不离开将会怎样？那将会带来巨大的麻烦。

灰姑娘在参加舞会时，每晚都按仙女的要求按时回到家里，而且是想方设法甩开王子的追送。虽然灰姑娘是个身世很可怜的人：生母早逝，继母和两个姐姐欺侮她、嘲笑她，但是因为她的虔诚和善良，她得到了仙女的帮助，也正因为她的守时，才最终赢得了幸福，与王子生活在一起。

2．守时守规

在"每月一事"项目中，我们要培养学生"守规"的习惯。"守规"就是遵守约定，也是信守承诺。"守时是最大的礼貌。"我们中华民族自古以来是礼仪之邦，讲究文明礼貌是中华民族的传统美德。

每天，我们都在追寻着时间的脚步，只有守时，才会懂得时间的重要性。比如，参加集体活动，如果你姗姗来迟，就会影响活动的准时进行，活动的任务就不能及时完成。守时是一个人的素质体现，是一个人良好的生活习惯，是对别人尊重的态度，也是交往中不可忽视的重要内容，我们应该遵守时间。

《灰姑娘》剧照

没有规矩，不成方圆。守时就是守规矩。比如遵守学校的上、下课时间。学校既然规定了上课的时间，我们就要遵守。这种好习惯的养成也是说起来容易做起来难的事，所以我们要严格要求自己，不要觉得一两次的迟到是无所谓的事，因为坏习惯也是在不知不觉中养成的。

共鸣共行

请你问一问孩子——

你有没有因为一些事情而耽误了上课、学习，你有没有因为自己的疏忽而耽误了与小伙伴出游的约定？守时行为，不仅体现了你自身的道德素养，更是对他人的尊重。守时不仅是一种习惯，它更能体现一个人的全面修养。

你在看这部电影的时候，是否会想起自己的一些不守时的行为呢？你是否会想到如果灰姑娘不听从仙女的叮嘱，不遵守时间，在晚上12点以前没有赶回家，那么结局会是什么样的呢？

请你问一问自己——

如果你是孩子的父母，你是否也曾有过不守时间的时候呢？本来约好了周末陪同孩子一起去放风筝，因为自己有应酬，只能取消了与孩子的约定。你是否考虑过孩子的心理感受呢？你是否认为大人有大人的事，一切要以你为中心呢？这样你就忽略了孩子的感受，他们会很失望，甚至会影响到他们对你的信任。

相关推荐

推荐影片信息

影片名:《公主与青蛙》
导 演: 罗恩·克莱蒙兹　约翰·马斯克
编 剧: 罗恩·克莱蒙兹　罗布·爱德华兹　约翰·马斯克
主 演: 阿尼卡·诺尼·罗斯　布鲁诺·坎波斯　凯斯·大卫　迈克尔-利昂·伍利　珍妮弗·科迪
类 型: 爱情　动画　歌舞　家庭
制片国家 / 地区: 美国
语 言: 英语
上映时间: 2009 年
片 长: 97 分钟

李西西推荐语

传统童话里，是公主不守信用，不愿亲吻青蛙。

这一次，女孩蒂亚娜相信青蛙，履行了承诺，自己却反过来变成了青蛙。

青蛙又会不会如约帮助蒂亚娜实现梦想呢?

一切都没有那么简单……

在规则之中成长为自己

——《奇幻森林》

导赏：张遵香（新疆奎屯市四小）

影片信息

影片名：《奇幻森林》
导 演：乔恩·费儒
编 剧：贾斯丁·马科斯
拉迪亚德·吉普林
主 演：尼尔·塞西　比尔·默瑞
本·金斯利
类 型：奇幻　冒险
制片国家 / 地区：美国
语 言：英语
上映时间：2016年
片 长：106分钟

影片赏析

男孩毛克利从小生活在丛林里，他由严厉的黑豹导师巴希拉和狼群养大。狼群的母狼拉克沙非常疼爱他，而狼群的狼王则教给他重要的“丛林法则”——本法则是森林法则，像上苍一般古老正确。遵循的狼将繁荣昌盛，违反的狼必招致灭绝。似匍匐植物缠绕树干，森林法则也左右不离。群体之力汇聚自孤狼，孤狼之力来源于群体。

然而毛克利在动物们的眼中则是一个奇怪的存在——因为毛克利会使用工具。也许因为这么做很奇怪，所以黑豹导师巴希拉和狼王严厉禁止毛克利使用工具。

枯水期来临，丛林休战期到来了，毛克利跟随狼群来到和平崖喝水，不料被凶悍的老虎谢利·可汗发现了。谢利·可汗看见他后发誓要杀掉他。

狼群不得不让毛克利回到自己的村庄去，而谢利·可汗并不想就此罢休，在毛克利跟随黑豹巴希拉离开狼群之后，他杀掉了狼王，并且在狼群的地盘等待毛克利归来。

毛克利跟随黑豹巴希拉离开狼群独立行动之后，遇到很多危险。

巨蟒卡奥用她迷人的声音和眼神迷惑毛克利，告诉了他谢利·可汗要杀掉他的原因——毛克利的父亲是被谢利·可汗杀死的，而谢利·可汗在和毛克利的父亲打斗中被“红花”（火）毁掉了半边脸和一只眼睛。巨蟒卡奥告诉毛克利真相后，就要吃掉他。

在这个时候，棕熊巴鲁突然出现救了毛克利。巴鲁要求毛克利报答他，报答的方式是为他取来挂在悬崖上的崖蜜，还哄着毛克利陪他“冬眠”，过舒服的日子，让毛克利为他取更多的崖蜜。

黑豹巴希拉不同意毛克利留在丛林里，他坚持要带毛克利返回人类村庄。棕熊只好答应再留最后一晚就放他们走。

在这最后一晚里，毛克利发现了丛林守护者大象的一头小象掉进了大坑。于是他利用人类的工具帮助了小象，和大象们建立了友谊。

可是第二天，正当他们要出发的时候，巨猿路易王派人劫走了毛克利。原来他知道毛克利是人类，他希望从毛克利手中得到“红花”——火！因为获得了火，他就能成为真正的丛林之王。毛克利拒绝了他。

《奇幻森林》剧照

但是毛克利从巨猿路易王的口中得知狼群遇到了危险，狼王已死的消息。毛克利悲愤万分，决定从人类村庄里取火，打败老虎谢利·可汗，拯救狼群。

可毛克利取火返回丛林的时候，却不小心掉下了燃烧的火星，火星在丛林里引燃了熊熊大火。动物们都躲避到和平崖附近。

老虎谢利·可汗乘机说毛克利就是这样破坏丛林的，毛克利决定扔掉火把，最终用自己的智慧使用工具战胜了老虎谢利·可汗，把他扔进了熊熊大火中。

丛林守护者象群出现了，他们折断树木，改变河流的走向，扑灭丛林大火，挽救了丛林。

教育要点

从小男孩毛克利在丛林中的成长过程，我们可以获得很多对于孩子成长方面的启示。

1．无论走到哪里，都要学会遵守规则

在这部电影中，“丛林法则”不断被重复——本法则是森林法则，像上苍一般古老正确。遵循的狼将繁荣昌盛，违反的狼必招致灭绝。似匍匐植物缠绕树干，森林法则也左右不离……

遵守规则可以避免很多危险。在丛林中，丛林的规则就是必须组团生活。在丛林中，团队活动可以凝聚更大的力量，从而让自己的生命得到保障，一个人是无法在丛林中生存下去的。

对于孩子而言，我们应当建立起他的规则意识。在学校里，他应当遵守学校的规则，外出参加团队活动的时候，他也应当遵守相应的规则。规则是大家制定出来保护每一个人的。而在我们的学校中，学校规则也是用来保护每一个学生的，比如，不允许带管制刀具到校。如果大家都遵守规则，那么就会避免很多的危险在学校出现。

教会孩子遵守规则，也是在逐步培养孩子的守法意识。对于孩子的成长而言，我们关注成绩，关注品德越来越多，而关注法律的程度还是不足的。很多孩子到了高中都是法盲。而正因为孩子缺少法律意识，才导致了现在校园暴力案频发。这些孩子大多数都不是真正意义上的坏人，而是因为贪玩好奇，想要证明自己强大，而做出了伤害他人的行为。他们并不知道这样做是要负法律责任的。他们从小不懂规则的重要性，自然长大了也不会去了解法律，学会守法。

2．团结就是力量

在这里，还是要提到影片中不断重复的“丛林法则”——……群体之力汇聚自孤狼，孤狼之力来源于群体。

一个人可以走得很快，但是要想走得更远，则需要一个团队的力量。

中国的孩子大多数都是独生子女，从小生活的环境中缺乏合作的观念。不只是孩子，作为新父母的“80后”“90后”都是独生子女，大多数人对于团结合作的观念其实是很淡薄的。

但是现代社会却很重视合作。没有合作，一个人独立完成任务的情况几乎是不存在的。那么，我们就要让孩子明确团结合作的意义。我们要让孩子知道，在团队中，我们要遵守团队的规则，努力发挥自己的力量，出现了小的纠纷要努力协调解决，不要凭心情处理问题。通过这样的教育，让孩子一步步适应团队生活，维护团队利益，成为团队中的一分子。

在日常生活中，我们也要多给孩子加入团队的机会。比如假期中的夏令营和冬令营活动，或者是一次拓展训练等等，都可以增强孩子的团结合作意识。

3．活在规则之中，要做真正的自己

在影片中，毛克利不断被狼群禁止使用工具，理由为这不是狼该做的事情。而黑豹导师巴希拉出于同样的理由，一开始也不喜欢毛克利使用工具。

可毛克利不是狼，他是人。他本身就善于使用工具，包括危险的工具——“红花”（火）。

这和我们的孩子多么相似。我们利用经验告诉孩子该如何做，而孩子却总有一些新奇的办法。这些办法有的时候超出了我们的期望，于是我们惊讶，然后告诉孩子——不许这么做！

可孩子不是你，孩子有孩子的想法，有孩子的妙招。他能够用自己的

《奇幻森林》剧照

方式达到你要的目的。很多时候，孩子的新奇想法的确是一个新的开创。

我们不应该过度禁止孩子大脑中处理问题的新想法、新思路。

但是，这一切要符合规则，至少要符合最基本的善恶规则。就像在影片中，毛克利擅用工具，他用工具救了大象，于是得到了森林守护者最终的保护。

所以，在发现孩子的新想法的时候，我们需要细细思量一番。这个新的想法是不是符合最基本的社会法则，然后这种想法是不是真的可以得到支持。我们不能因为孩子有和我们不同的想法就一味反对，也不能因为孩子有了新的想法就盲目支持。我们作为教育者，需要给予孩子正确的引导。

共鸣共行

请你问一问孩子——

你是否学会了遵守各种规则？规则是很重要的，能够保障自己的安全，同时也为自己赢得更多的支持和理解。在餐厅中，我们遵守不大声喧哗的规则，给自己和别人一个良好的用餐环境；在学校中，我们遵守上课举手发言的规则，让课堂秩序井然，让学习更加有效率。

在团队中，你是否是一个团结合作的好伙伴？一个人的力量不足以完成所有的事情，要想获得更大的发展，就要借助伙伴的力量。

你的大脑中是不是也曾有一些新奇的想法？请先问问自己，这些想法对别人有害吗？是不是真的能够不违反规则又能达到目的？

请你问一问自己——

你是否教会了孩子遵守规则？你是否给予了孩子团队生活的机会？在面对孩子的新想法的时候，你是否会细细思量之后引导孩子作出正确选择？

希望你在看了这部电影之后，能够意识到规则和自我之间的界限，让孩子在规则中活出自我风采。

相关推荐

推荐影片信息

影片名：《小刀》
导 演：本・桑伯加特
编 剧：本・桑伯加特
主 演：奥利弗・图尼亚　格宁诸・林鲁特
类 型：家庭
制片国家 / 地区：荷兰
语 言：荷兰语
上映时间：1992 年
片 长：150 分钟

李西西推荐语

千万里，我要找到你，只为归还一把微不足道的小刀。孩子纯洁的信约，永远坚不可摧。

在良知和规则之间

——《善意的谎言》

导赏：马晓利（河南省商丘市远襄镇一中）

影片信息

影片名：《善意的谎言》
导 演：菲利普·法拉特乌
编 剧：玛格丽特·奈格尔
主 演：瑞茜·威瑟斯彭
寇瑞·斯托尔
类 型：纪实
制片国家/地区：美国
语 言：英语
上映时间：2014年
片 长：110分钟
又 名：《美丽谎言》

影片赏析

这是一个并不太遥远的故事。

苏丹南部和北部因为宗教与资源问题爆发了一场残忍的内战。有许多平民在苏丹的战火中流离失所。1987年成千上万的孤儿开始徒步逃亡，穿过撒哈拉以南的非洲，走了上千公里到埃塞俄比亚，然后到肯尼亚，幸存者被当时的援救人员称为“苏丹的迷途男孩”（Lost Boys of Sudan），其中有一部分人，后来以难民的身份来到美国生活。

这部分人中就有马梅尔兄妹四人。电影一开始便是马梅尔兄妹四人在大家羡慕的眼神中离开了难民营。接下来便是主人公马梅尔回忆里的故事了，一切从他们的孩提时代开始。

马梅尔的祖祖辈辈都生活在那个古老的村庄里，他和自己的兄弟玩着单调的游戏——按着顺序依次说自己祖先的名字，谁说错了，谁就输了——虽然单调，却让他们从未忘记自己的祖先。他们玩得乐此不疲，即便是在后来到了美国的日子里，他们依然没有忘记这个古老的游戏，后来马梅尔靠着这个游戏认出了失散的哥哥。

他们在这贫瘠的土地上平静地生活着，直到有一天，那“嗒嗒嗒”的机枪声粉碎了这份特有的宁静。整个村庄陷入了恐惧中，马梅尔的父亲在这次战乱中丧生。孩子们像受惊的小鹿躲在树后面，一个村庄也只剩下他们一家六口人。

他们开始逃亡，朝着太阳升起的地方……

逃亡的过程中，他们要面对很多困境：食物、水源、疲倦、恶劣天气还有疾病。他们还只是孩子，因为极度缺水，家里最小的一个孩子死去了。为了活下去，他们只有喝尿来维持生命。求生的强烈愿望让这些孩子在困难面前没有倒下去，在如此困难的环境里，他们心中只有一个信念——活下去！

可是当他们抵达埃塞俄比亚时，却发现这儿同样是战火纷飞……

《善意的谎言》剧照

于是他们又开始和大部队一同前往肯尼亚，在路途中被士兵发现，西奥牺牲了自己引开士兵，保证了家人的安全。剩下的兄妹四人来到了肯尼亚，又恢复了平静的日子，直到13年后的一个下午。兄妹四人幸运地被送到美国开始新的生活。

在美国他们遇到了中介公司人员卡丽，在她的帮助下兄妹四人找到了工作，后来她又和中介公司的老板杰克一起为四人争取合法权益，想方设法让他们与亲人团聚，并同他们结下了深厚的友谊。

戏剧化的是，西奥并没有死，故事在这里又一次掀起高潮。面对移民局近乎苛刻的移民条件，最后马梅尔作出了一个惊人的决定，让西奥代替自己返回美国，而他则永远留在了难民营……

故事里渗透着对战争的控诉，让人更深刻地体会到浓浓的亲情，还有那永远闪亮着的人性光辉。

教育要点

我们生活在和平的年代里，很难想象苏丹那战火纷飞的生活是什么样的。除了慨叹他们的生之艰辛外，也并未感觉到什么切肤之痛，虽然他们发生战争的那个时间并不久远。

不过，影片里折射的那亘古不变的真情，却具有穿透人心的力量。它让我们看到了兄弟姐妹对亲情的渴望和珍惜，让我们看到了一群人在找回自己时的无畏与执着，也让我们在拭去满面泪水后，感触到了人性的真、善、美。

1．暖暖的亲情

亲情让这部电影变得温情了很多。

从马梅尔一家人离开苏丹的那天起，他们就成了一支队伍，朝向心中的圣地前进。在这个过程里，他们相互扶持，相互关爱，才得以渡过难关。俗话说“共患难不易，共富贵更难”，可是在这里却不然，我们应该不会忽略影片中的一个镜头：当马梅尔兄弟三人被接到住处时，这儿和他们原来住的地方相比，简直可以说是天堂了，可是马梅尔他们并没有对此欣喜若狂，而是在一直追问女志愿者帕梅尔·洛伊“可不可以让妹妹过来，我们想在一起”。哪怕有一点儿的机会，他们都会把这个事情提出来，直到在卡丽等人的帮助下他们如愿以偿。

于贫穷时不离不弃，于富贵时不相忘，这里面浓浓的亲情让人动容。由此我们想到了一些为了利益而大打出手的兄弟们，更甚者为了分割财产而弃父母感受于不顾，亲情在利益面前变得脆弱不堪。而影片里马梅尔兄妹四人之间演绎的亲情，让我们不断叩问：亲情和利益之间，我们该如何取舍，又该如何呵护那血脉里流淌着的情感……

2. 一群人的“找寻自我”之旅

影片不只是让我们看到了那动人的亲情，还让我们看到了一群人在找回自我时的无畏与执着，以及在这个过程中折射出的人性的真、善、美。

其实，故事里的每个人都一直在被选择。马梅尔一家因为战争被迫选择离开；在难民营里等着那渺茫的希望——被选中而离开；因为种种原因，他们被迫和妹妹分开；到了美国，又被人安排着去面试，一次次被别人拒绝，他们没有选择的机会；中介公司员工卡丽因工作任务被迫中断温情，去接素不相识的三个人。他们一直是被安排，而不是主动选择。从这个意义上来看，他们的“自我”在很大程度上都没有觉醒。随着故事铺展开来，有意识地或者潜意识里这些人开始了寻找自我之旅。

其实西奥是最先实现自我的一个人，虽然他只是在“履行”首领的“职责”，但他却是主动去选择自己的人生。那是在前往肯尼亚的途中，西奥兄妹五人在草丛里被士兵发现，西奥为了保护自己的家人，牺牲自己把士兵引开。他向士兵撒谎说是自己和家人走散了，结果士兵把西奥带走了，马梅尔兄妹四人安全脱险。

为了亲情，或者说是责任，他选择了牺牲自己，选择了“撒谎”。其实这里我们很容易产生共鸣：当“小我”和“大我”发生冲突时，我们选择牺牲小我来成全大我。由此我们想到了孟子曾说：“生，我所欲也；义，亦我所欲也。二者不可得兼，舍生而取义者也。”

再来看耶利米，刚开始他一切听任超市主管的安排，倒掉那些本可以吃的食品，虽然有太多的难民需要它们。可后来，当他遇到一个从垃圾箱里捡东西吃的女人时，决定把刚从超市里推出的东西给她拣择，却被主管

《善意的谎言》剧照

说不按规定办事。他实在无法忍受那些浪费，因为他知道在一个名叫苏丹的地方，很多人根本就吃不上这些被倒掉的“垃圾”，于是他选择了离开超市，并说了一句让我们都需要扪心自问的话：“如果不给需要的人，那是罪恶。”这是他来到美国听取自己声音的第一次做自己，不违背良心。正如他所说：“我不能做自己良心过不去的工作。”这是他的一次觉醒，一次自我的觉醒。

还有保罗，这个心灵手巧、感情细腻的孩子。他是最有选择力的一个人，在难民营里他选择了把上衣换成了鞋子，因为他更需要鞋子。来到一家装配公司，他在同事的撺掇下开始吸食毒品，但也就在这时，他开始了关注内心、开始思考自己存在的意义，思考自己的重要性，这是一个很深刻的自我觉醒。也正是他的行为，唤醒了与他关联的很多人找寻真正的自己，包括马梅尔、卡丽、杰克，甚至那个移民局局长。

再来说说马梅尔，这个贯穿始终的主人公。是信仰让他变得更坚定，但他也一直为自己童年的过失而内疚——是他让西奥死掉的（当时大家都认为西奥已经死了，而且是因为他的过失）。一开始，他都在逃避，或者说他还没有真正的力量敢于正视自己，但和保罗打的那一架让他开始直面自己。所以在教室里当他去思考《哈克贝利·费恩历险记》时，他又想到了西奥的行为。他深刻地理解了哈克撒谎的真正原因，那无私的谎言救了一个人的命，那是一个美丽的谎言。于是，他开始了心灵的救赎，开始了真正活出自我。

电影有一个戏剧化的情节：西奥并未死去，并且在通过移民局找寻自己的兄妹。马梅尔开始了行动，在卡丽和杰克等人的帮助下，飞往了那个众人都想离开的难民营。在跑过很多个大使馆后，未果。不得已，马梅尔作出了自己的选择，把回美国的权利让给了自己的哥哥西奥。可是哥哥并不希望这样，因为这是谎言，在这种情况下，他们兄弟还坚守着本心，让人不觉动容。在要通往“天堂”的路上，还顾着手足情，这让很多为了一点私利而大打出手的兄弟们情何以堪。

在马梅尔的坚持下，西奥坐上了飞往美国的飞机，在马梅尔转身离开的那一刹那，他完成了自我的救赎，成功地找回了自我。

不只是他们兄妹，还有福雷斯特职业介绍所员工卡丽，从开始的为工作之外的安排一脸不悦，到主动去搜索有关苏丹的情况，再到去移民局找机会给马梅尔，最终让兄妹四人得以团聚，这一主动的转变，让我们看到了人性的真、善、美。

还有这个介绍所的老板杰克，起初劝诫卡丽不要介入他们兄妹的故事，而后来可以看出，他也忘我地卷入了这个故事里，让人又一次看到了人性的光辉。当一个人知道事情的真正原因时，心里便会滋生一种悲悯；当他们主动选择去做一件事时，他们才真正遇到了那个真实的自己。

3．谎言也可以美丽

回顾整个故事，我们不难发现很多处点题——谎言有时候也是一种美丽。的确，我们生命里会有很多不得已的时候，不得不“撒谎”来减少一些损失。比如面对病入膏肓的病人，为了减轻他们活着时的心理煎熬；比如父母为了不让儿女担心、孩子为了不让父母担忧选择只报喜不报忧……

孔子曾说过“君子贞而不谅”，所以君子做人做事，必须符合道义，而且始终坚持道义，无论遇到什么情况都不能放弃。坚持道义是“经”，也就是原则；但是，君子还需要知道“权”，也就是变通。所以撒谎有时候也未必是恶性的，如果是因为道义，那么这个谎言是可以定义成美丽的。

故事结束了，看故事的我们，观影前后还一样吗？我们有没有想过，我们最终要抵达哪里？我们怎么才能抵达？我们对自己所处的环境，应当是积极地改变，而不是消极地接受。

共鸣共行

请你问一问孩子——

在生活里，哪些是你被动去选择，哪些是你主动去选择的呢？看完电影后，你有没有思考过“自我”这个话题？看到生活在战乱里的苏丹人民，你都想到了什么？有没有想到自己是多么幸运，生活在一个和平的国度里？有没有滋生一种叫作幸福的东西？当你看到电影里这个情节时——自己都吃不饱的兄妹们，看到倚在树上的难民毫不犹豫地施以援手——你是不是也看到了一种人性的光辉？

你对“谎言”有没有一个更深刻的体会？

请你问一问自己——

在生活里，哪些是你被动去选择，哪些是你主动去选择的呢？看完电影后，你有没有思考过“自我”这个话题？

当面对问题时，我们是找个很冠冕堂皇的理由放弃努力，还是像卡丽那样追问“我能做什么”？是的，在这个社会里我们太喜欢找借口，把一些责任推给别人，而不去想一想我可以做些什么，我能做些什么。

当听到亚比他说“我的妈妈告诉我，不要记得我们自己是谁”时，当听到耶利米说“我们的父亲告诉我们，要坚持心中的某个信念”时，我们是不是想过自己，我们给了自己孩子什么？

我们哪天离开了，会给孩子留下什么，能让他们在自己的生命里坚强地走下去？谁都无法承诺未来会云淡风轻、风和日丽，他们总会遇到凄风苦雨，到那时我们会不会坦然地告诉自己：我相信，他们可以无畏地走下去，不管遇到什么！

相关推荐

推荐影片信息

影片名：《美丽人生》

导 演：罗伯托·贝尼尼

编 剧：文森佐·克拉米　罗伯托·贝尼尼

主 演：罗伯托·贝尼尼　尼可莱塔·布拉斯基　乔治·坎塔里尼　朱斯蒂诺·杜拉诺　塞尔吉奥·比尼·布斯特里克

类 型：喜剧　爱情

制片国家 / 地区：意大利

语 言：意大利语　德语　英语

上映时间：1997 年

片 长：116分钟

李西西推荐语

用智慧，直至牺牲生命来守护的“谎言”，给最艰难、最黑暗的人生涂上了温柔与美丽的亮色。

三月份

公益

公益，简单地说，就是于公有益的事。

当公益成为习惯，从乐于参与，到互助合作，再到志愿奉献，这种人人为我、我为人人的行动，就能够让我们创造出更多的美好，就能够让更多人分享幸福——而幸福的神奇之处正在于，它会因为分享而增加。

在合作中担当与奉献

——《葫芦兄弟》

导赏：齐加全（河南省焦作市王褚乡中心小学）

影片信息

影片名：《葫芦兄弟》
导 演：周克勤
编 剧：姚忠礼
类 型：动画
制片国家 / 地区：中国
语 言：普通话
上映时间：2008年
片 长：90分钟

影片赏析

很久很久以前，葫芦山里关着蝎子精和蛇精。一只穿山甲不小心打穿了山洞，蛇、蝎二妖乘机逃了出来，从此百姓遭难。穿山甲告诉在山上采药的一位老爷爷，取出宝葫芦子，种出七色葫芦，才能消灭这两个妖精。

故事就从这儿开始。一次小小的失误，引发了一场大灾祸。好在，我们总还有解决的办法，只要我们敢于直面错误，并为之不懈地努力。

老爷爷种下葫芦子，神奇的葫芦藤长得飞快，不久藤上便结出了七个色彩不同的葫芦。蛇、蝎二妖从如意镜中窥见，便决定除掉葫芦藤。而老爷爷没有听从葫芦们的劝告，出屋相救，不幸被妖怪擒走。

到这里，七个葫芦娃陆续登场。正所谓“八仙过海，各显神通”，葫芦娃各有各的神通——大娃力大无比，二娃是千里眼和顺风耳，三娃生了一副钢筋铁骨，四娃和五娃有着水火奇功……可是，蛇、蝎二妖毕竟法术高强，几个涉世不深的葫芦娃相继被擒。

《葫芦兄弟》剧照

故事总是这样，与丑恶作斗争的过程往往都不会是一帆风顺的。蛇、蝎二妖又来攻击葫芦藤，他们将老爷爷扔下了山崖，又将二娃和剩下的两个葫芦带回了妖洞。好在“柳暗花明又一村”，老爷爷被山鹰救下，葫芦山的山神将七色莲花交给了老爷爷，并告诉他只有再加上这个莲花，葫芦娃才能同心协力，铲妖除魔。

最令人扼腕的是七弟紫娃被妖精的毒汁妖雾熏陶成听话的乖孩子，他出世后已经不认得爷爷和六个哥哥了，成了妖精的“乖儿子”，还用紫葫芦射出一道道闪光，把兄弟们的心击碎，让他们自相残杀……好在七色莲花最终帮助七个葫芦娃连成一心，齐心协力，将蛇、蝎二妖再次降服。

一波三折的故事，扣人心弦。这是一部正义与邪恶搏击的影片，更是一部充满智慧与爱的影片。在这部影片中，参与、合作、担当、责任与爱，引发我们良久的深度思考。

教育要点

今天的孩子更多的时候是被甜美、无虑、自私绑架着；今天的孩子更多的时候在独立的小世界，被钢筋水泥的现代建筑包裹着；今天的孩子遇到困难、挫折，甚至灾难的时候，更多的是无助、恐惧、躲避……而我们每一个人都知道，对于孩子的成长来说，除了知识、技能之外，还有情感、态度、价值观，还有精神、品质、意志力，还有德行、习惯、远大志向……对于孩子来说，生活就是一本书，成长就是一段故事。

而生活注定是风雨相伴，成长注定是波澜起伏，故事也一定是充满着曲折、坎坷与精彩！

在“每月一事”项目中，我们想让更多的孩子拥有公益情怀——这是一种美好的情感、精神与境界。积极参与，互助合作，无私奉献，不求回报——“我为人人，人人为我”，这是一幅多么令人向往的人类和谐生活的画卷啊！

然而，现实告诉我们，在这个世界上，白与黑、美与丑、善与恶总是相伴而生。我们不可能将所有丑恶驱赶，唯一能做的似乎只有正确认识它们，直面它们，理性有智，不轻易屈服，勇敢接受挑战。因此，让孩子多看看类似本片这样充满智慧与正能量的电影，是最有效的教育方式。

《葫芦兄弟》剧照

1. 以“负责”答复生命

每个人都会犯错，有时候，还会是无法挽回或补救的大错。但是，在错误面前，是勇于承认，知错就改，还是隐瞒逃避，避重就轻？身边有很多这样的孩子，当自己犯了错误的时候，不是主动去剖析自己，反思自己，而是一味推卸，将错误的原因归咎到他人身上。显然，这是一种缺少责任担当的表现。

影片中的穿山甲无意间将葫芦山打穿，放出了蛇、蝎二妖。那么，之后它是如何做的呢？它没有逃避，而是帮助老爷爷取出葫芦子，种出七色葫芦。当老爷爷被蛇、蝎二妖捉去的时候，穿山甲又打出一条通道，带老爷爷和受伤的二娃顺利逃出了妖洞，却在洞门外惊动了看门的蝙蝠。最终，穿山甲牺牲自己，引开了蝙蝠……

“每个人都被生命询问，而他只有用自己的生命才能回答此问题；只有以‘负责’来答复生命。因此，‘能够负责’是人类存在最重要的本质。”英国作家维克多·费兰克的这句话告诉我们，每一个人都要为自己的言行负责，只有这样，我们才可以成为一个有担当的人。

这和“自己的事情自己做”是类似的。事实上，一个有担当的人才会为自己的明天负责，也会赢得他人的信任与尊重。

担当是要付出代价的。很多时候，孩子们对于自己犯下的错误熟视无睹，满不在乎，一方面是因为他们没有责任意识，另一方面是因为他们不愿为之付出努力去改正。这就需要我们去引导孩子努力成为一个责任在肩的人。

2. 让“参与”见证成长

七个葫芦娃在影片中无疑是主角，然而我们不能忽视更多“人”对于整个除妖行动的参与。正是有了他们的参与，我们的除妖之旅才会“峰回路转”。

比如，影片中小鸟、青蛙、小松鼠每天采集花露，为失明的二娃治疗眼睛。影片在紧张的斗争中插入这样一段温馨的情节，唯美的画面再一次让我们深深感受到：生活之中，更多的是美好。

我们也许不是重量级的人物，但是“尺有所短，寸有所长”，我们每一个人都有着自己的优势与长处。很多时候，有的孩子对集体的活动漠不关心，不愿参与，要么是因为自卑心理，要么是事不关己，高高挂起的自私心理在作怪。无论是哪一种心理，都是不正确的。我们应该教育孩子“赠人玫瑰，手有余香”，参与不仅仅可以使我们收获体验过程的喜悦，更可以让我们学会与他人交往，带给我们集体归属感与荣誉感。首先，我们身处一个集体之中，“一个好汉三个帮”“众人拾柴火焰高”。一项活动，一个任务，只有大家群策群力，才可以集思广益，取得最佳效果。其次，我们每一个人都有自己的能量，大家在一起，积少成多，聚沙成塔。就像影片中的小青蛙、小松鼠、小鸟，大家把各自采集到的花露合在一起，便可以帮助葫芦娃治疗眼睛。再次，我们和集体不是分离的关系，而是唇亡齿寒的关系。从哪一个角度来讲，我们都应该积极参与到集体活动中来，献出自己的一份力量与智慧，分享属于我们成功的喜悦。

3. 借“合作”凝聚力量

影片情节跌宕起伏，几个葫芦娃虽然各有超人本领，但最终纷纷败北。这一方面说明，我们与黑暗、邪恶作斗争的过程必定是曲折、漫长的，另一方面也告诉我们，个人英雄主义的单打独斗，力量总是有限的。

“1+1＞2”告诉我们，当我们手手相牵的时候，不仅仅是将力量相叠加，更主要的是会让力量催生力量，智慧启迪智慧，勇敢激发勇敢。就如我们耳熟能详的一句教育名言所说：“一朵云推动一朵云，一棵树摇动另一棵树，一颗心唤醒另外一颗心。”影片中除妖行动的转折就出现在七色莲花帮助七个葫芦娃连成一心，实现了齐心协力。“人心齐，泰山移”，心往一处想，劲儿往一处使，还有什么是不可以战胜，不可以攻克的呢?

“取长补短，相得益彰。”在平时的学习生活中，很多时候，我们都需要和他人齐心协力才可以将一件事做好，比如接力跑、拔河比赛、卫生大扫除等等。

合作也是一种能力，一种修养。很多孩子喜欢独来独往，一项任务不善于和他人进行分工合作。其实，合作中涉及分工，涉及人尽其用，涉及统筹安排，涉及谦让包容。因为在合作中，难免会与自己的利益、特点、喜好等发生冲突。而有的孩子习惯以自我为中心，合作不能够完全按照自己的意愿进行，因此，对于合作，不能够激发他们的热情。

事实上，不会合作的孩子将缺少更多的朋友，缺少获取更多能量的机会，缺少探究世界的路径。独行侠在今后的世界中会遇到更多的碰壁，只有彼此守望相助，我们才能够相互借力，抱团取暖，站在集体的肩膀上飞翔！

自己的花儿是让别人看的。我们在合作中，不仅仅是为了自己，更多的是为了他人，而且不图回报，默默无闻，无私奉献。我们关心弱小，同情弱者；我们心怀善念，常怀感恩；我们悲天悯人，互助进步。就像影片中的老爷爷、葫芦娃、穿山甲、小松鼠、青蛙、小鸟等，他们的付出不仅仅是为了自己，更是为了他人，为了一种道义，为了一种精神。

《爱是太阳》的片尾曲再一次告诉我们——我们所做的一切，都只为了这个世界可以更加和谐、美好。而我们对于孩子的期望与祝福也正在于此。

共鸣共行

请你问一问孩子——

你有没有在集体活动的时候不愿参与，认为这是和自己关系不大的事？我们都生活在集体中，你有没有发现，当我们的集体取得一项成绩或者荣誉的时候，你也会为之高兴、骄傲与自豪？对了，这就是集体荣誉感与归属感。当我们找到归属感的时候，我们便会感到来自于集体的温暖与力量。就像鸟儿找到了温暖的巢，我们可以站在巢里快乐歌唱。

你会和同伴分工合作吗？你有过和同伴成功合作的经历吗？当你面对自己无法完成的一件事情时，一定要想到请别人来帮助，这就是合作。你一定有这样的感受——大家在一起的时候，要懂得合理分工，还有相互谦让，只有这样，我们才可以顺利完成合作任务。因此，合作的前提是尊重，合作的经过要相互激励，合作的结果是收获成倍的幸福。

请你问一问自己——

你拥有最朴素的公益情怀吗？“无私奉献，不求回报”的志愿精神是否被你认可并接受呢？面对如花烂漫的孩子，你是否将一粒美好的种子在他们的心田播下？影片中，奉献与爱、责任与担当时刻在提醒着我们：生活中，我们人人都是画家，用我们的大爱描绘七彩画卷；我们人人都是歌者，用我们的担当吟唱精彩人生。

你是孩子生命中的重要人物吗？山神用自己的声音开道，让七色莲花帮助我们拨开迷雾。显然，山神扮演着重要的角色。那么，在孩子成长的十字路口、转折点、关键处，我们是否可以及时帮助孩子“拨开迷雾”，及时帮助孩子找到最佳的成长路径？这考验的不仅仅是我们对于教育睿智的思考与行动，还有我们不忘初心的教育情怀。

相关推荐

推荐影片信息

影片名：《绿野仙踪》

导 演：维克多·弗莱明

编 剧：诺埃尔·兰利　佛罗伦斯·里尔森　埃德加·艾伦·伍尔夫

主 演：朱迪·加兰　弗兰克·摩根　雷·博尔格　伯特·拉尔　杰克·黑利

类 型：歌舞　奇幻　冒险

制片国家 / 地区：美国

语 言：英语

上映时间：1939年

片 长：101分钟

李西西推荐语

协作、团结、友爱，即使是载歌载舞，也能抵达胜利的顶点。

于公有益，人人受益

——《十二个温柔的日本人》

导赏：王素平（河北省邢台市南和县教育局）

影片信息

影片名：《十二个温柔的日本人》
导 演：中原俊
编 剧：三谷幸喜
主 演：盐见三省　相岛一之
上田耕一　二瓶鲛一
类 型：喜剧
制片国家 / 地区：日本
语 言：日语
上映时间：1991年
片 长：116分钟

影片赏析

在一起案件的审判中集结了十二名年龄、职业各异的陪审员。1号陪审员是40岁的体育教师，担任陪审团委员长。2号至12号分别为28岁的公司职员、49岁的茶店老板、61岁原来在信用社金库工作的退休人员、37岁的公司后勤部门女职员、34岁的推销员、33岁的贴瓷砖工人、29岁的主妇、51岁的牙科医生、50岁的洗衣店店主、30岁的小演员和30岁的公司精英干部。他们互不认识，聚集在一个房间内开始审理案子。他们要决定另外一个同样素不相识、毫不相干的人的生死。案件是指控一名21岁的女人把她的前夫推向了卡车致死，女人是否有罪要全体一致通过才行。

在陪审团的第一轮讨论中，大家从感觉、从对被告的同情出发得出了无罪的结论，而唯一的异议者2号偏偏要逐一追问判决无罪的理由。持无罪意见的陪审员们尽管认同被告杀人，但仍坚持说被告无罪。为了尽快结束，决定如果仍是一人认为有罪，那就按意见一致结束讨论。这时2号为了鼓励大家认真积极讨论而发表演讲："陪审员制度的意义是什么？为什么我们大家聚集在这里？制度本身是好的，能判决人的只有人。十二个人把经验和智慧全部发挥出来讨论的话，一定能找出真相；十二个普通人一定能胜过一个法律专家……请大家不要失去作为一个陪审员的自豪感……"就这样9号被打动了，改变无罪的意见，认为被告有罪。新一轮的讨论又开始了。

2号和9号联合起来，从案件的焦点是不是正当防卫出发，一步步梳理、分析，使被告杀人的意图渐渐清晰，有罪派的队伍也渐渐壮大起来。尽管大家都认同被告杀人的事实，但还是不愿意置被告于死地。经过双方妥协准备以伤害致死罪形成结论，判被告缓期执行，可是顽固的10号和4号仍坚持无罪。最后在11号冷静的推理下，大家合作互助，积极思考，相互激发，终于还原了案子的真相。因种种证据无法证明被告有罪，最后以十二人一致认为被告无罪而结束。虽然绕了一圈又回到了起点，但已经没有人是因为可怜被告而作出无罪的判决。

教育要点

这是一部讲述日本陪审员制度的电影。陪审员制度是为了维护司法的公正，维护公共利益。陪审员从各行业的人员中选出，从各个角度进行辩论，最后达成一致，以保证判罚的公正合理，维护社会公众的福祉和利益。所以说参与陪审就是一种公益。

在我们的生活中有许多公益活动，大到国际救援、抗洪救灾，小到捡拾垃圾、上街宣传，正是这些公益活动，让那些弱者感受到人间的温暖，让我们的生活更加美好。这些做公益的人都是心怀美好，为了美好，创造美好。而影片中同是做公益的陪审员就显得不是那么高尚了，甚至还有些自私，比如6号和3号：6号一直想着公司的事，焦躁不安，想快点儿结束；3号本身就极不愿意参加陪审，不得已才来的。

1. 公益关乎我们每一个人

在讨论迟迟达不成一致结论时，他们都说判被告是否有罪与自己无关。那么，真的与自己无关吗？

《十二个温柔的日本人》剧照

直观地看，判被告有罪还是无罪不关乎他们的丝毫利益，但是细细想来却是和每个人都密切相关的。今天你是陪审员，被告有无罪看似与你无关，但是当明天你是被告，陪审员仍以无所谓的态度判罚还能与你无关吗？今天你的认真换回来的将是明天他人对你的公正。公益是关乎大众福祉，关乎我们每一个人利益的。今天你砍一棵树，明天他浪费一滴水，这对我们偌大的国家来说好像无关大碍，也不关乎个人利益，但如果任凭这样发展，你不制止，他不呼吁，迟早会危及我们的国家以及我们自身的。公益关乎我们每个人。所以做公益就应该有一种担当，一种服务他人的精神。

2．对所做公益意义的深刻认同是做好公益的根本

为什么在大家都想快点结束时2号偏要执着地让大家再讨论呢?

尽管最后的结论与2号的相反，但在案件的讨论过程中他特别执着、认真，这是因为他认识到作为一个陪审员的意义和职责所在。在10号说不出理由但仍认定被告无罪时，他对10号说：“作为陪审员，不管你愿不愿意，既然被选上了，就要为案件负责。”当发现大家都想尽快结束讨论时，他发表演讲，让大家思考：“我们聚集到这儿是为了什么？应该为自己是个陪审员而自豪……”正是因为2号深刻认识到参与陪审的意义，以及自己身上的责任，才不惜用作弊的方式让大家再次讨论。正是因为他的坚持才打动其他人，最后使案件得以澄清。所以对公益目的的深刻认同是根本，也唯有如此，才能走得更远。像童喜喜老师为传播新教育以瘦弱的身躯走遍大江南北，不正是因为她认识到所做的事的价值以及每个普通人所应负的责任吗？

3．做好公益离不开大家的互助合作

第一轮辩论结束，只有2号一人坚持有罪，那么后来是如何扭转局面的呢？局面的扭转离不开和9号的互助合作。由于9号的支持、合作，才渐渐让有罪的观点变得合理，并使杀人意图得以显现，从而使有罪派占了上风。在片尾，剑拔弩张的有罪派和无罪派忘记了自己的派别，大家互助合作，相互启发，你提出了被害人是否真喝醉的质疑，他提出了“去死吧”和“姜汁汽水”的谐音……就这样由于大家的互助合作使案情明了，最后达成一致结论——被告无罪。所以做公益需要大家的互助合作。

当然我们还可以从这部电影中获取更多，比如陪审制度的利与弊、人性、民主等。

共鸣共行

请你问一问孩子——

媒体经常报道扶起摔倒的老人反而被诬陷的事件，如果你遇到了摔倒的老人，你会去扶吗？一旦这样的行动发生了什么变故，比如被人诬陷，你会怎么做？你如何能够既保护好自己，又去帮助别人呢？

请你问一问自己——

遇到生活中那些不美好的事物，作为一个成年人，你自己在行动吗？

相关推荐

推荐影片信息

影片名：《永不妥协》

导 演： 史蒂文·索德伯格

编 剧： 苏珊娜·格兰特

主 演： 朱莉娅·罗伯茨　阿尔伯特·芬尼　康查塔·费雷尔　艾伦·艾克哈特　玛格·海根柏格

类 型： 爱情　传记

制片国家 / 地区： 美国

语 言： 英语

上映时间： 2000年

片 长： 130分钟

又 名：《埃琳·布罗克维奇》《伊人当自强》《阿莲正传》

李西西推荐语

为了所有人的利益，永不妥协！永不！

所有受伤的心都能被爱治愈

——《亲爱的》

导赏：徐晓慧（安徽省宿州市第九中学）

影片信息

影片名：《亲爱的》
导 演：陈可辛
编 剧：张冀
主 演：赵薇　黄渤　郝蕾　佟大为
类 型：家庭
制片国家 / 地区：中国
语 言：普通话
上映时间：2014年
片 长：130分钟

影片赏析

田文军离婚了，带着儿子田鹏靠开电话超市过日子。一周跟妈妈见一次面的田鹏回到爸爸那里，听烦了爸爸妈妈的争吵，跟爸爸一起赶妈妈走。田文军因为店里有人打架，不得不让儿子跟邻居小孩出去玩，结果田鹏在路上追赶妈妈的车而走失。那时儿子田鹏只有三岁左右。

从此，两人开始了漫漫寻子路。为了找儿子，田文军录像、登报、在网上发帖，招来了许多诈骗电话，就是想领取他的奖金。他也曾经带着现金远赴河北，只因为对方传给他一张儿子的照片，虽然前妻鲁晓娟对他说那张照片是假的，他也不管不顾地去了，为此被四个大汉追赶，在铁路上狂奔，跳进深水中，几乎想就此死去。是冥冥中儿子稚嫩的声音唤醒了他，使他奋力游出险境，死里逃生。因为想儿子，鲁晓娟与老公的生活受到影响，她对一切都失去了兴趣。她自己偷偷地去看心理医生，不能解决问题；老公带她去看心理医生，也没有用。直到这时，他们才开始重新关心对方、心疼对方，他们一起来到了万里寻子会——一群失去孩子的父亲母亲的共同家园，他们彼此分享自己的寻子经历，互相鼓励，交流信息。

最终，是一个陌生小伙子提供的线索让田文军和鲁晓娟找回了儿子。而此时，距离田鹏走失已经过去了三年，田鹏也变成了杨吉刚，操着一口乡音，让警察叔叔把对着他流泪的父母亲抓起来。杨吉刚的养母李红琴是一位农村妇女，她的丈夫对她说因为她不能生育，所以从深圳给她带回了吉刚，并告诉她是他跟别的女人生的。后来又带回一个女孩，说是工地上捡的弃婴，那是她的女儿杨吉芳。两个孩子随着田文军和鲁晓娟的到来一起被解救，李红琴也因为妨碍公务罪被判入狱半年。

半年后，出狱后的李红琴来到深圳，想找回寄养在孤儿院里的吉芳，同时想看看吉刚，于是徘徊在田文军家周围。田鹏回到亲生父母身边，却并不能适应这里的生活，甚至不愿叫爸爸妈妈，还告诉爸爸说想回家。田文军一朝被蛇咬，他倒垃圾的时候都把孩子扛在肩上，生怕孩子再丢了！

每个人都被这件事甩出了原来的轨道。福利院里的杨吉芳趴在窗户上等妈妈，拿到体检单的李红琴面对新的困境也只能无声地抽泣……

这部以真实人物事件改编的电影，像纪录片一样呈现给我们这样一种真实的人生，充满了辛酸，却依然能够带给我们希望！正是希望，让这片土地生生不息……

《亲爱的》剧照

教育要点

人的一生短暂而又漫长，谁能知道在这一生中我们会遇到什么？生离死别，不仅仅会发生在战火连天的年代，在和平的今天，各种人间悲剧也在上演。只不过，没有降临到自己头上，我们都会以为那很遥远，与我无关。在毫无思想准备的情况下出现的意外和不幸，我们该如何应对？是自责，还是迁怒？是积极抗争，还是消沉自闭？

人生是危机四伏的，各种遭遇成就我们的一生。每一颗心都有可能受到伤害，每一个人都有可能伤到他人，但人有一种特殊的能力，能够治愈各种伤痛，那就是爱！因为有了爱，我们能够在困境中互相帮助；因为有了爱，我们能够暂时忘记自己的痛，关注他人的苦；因为有了爱，这个世界才会对我们有着持久的魅力，让我们无法停下求索的脚步。

1．完整的家才有完整的爱

看完电影，我们必须明白，作为父母，我们不能只考虑自己的感受，更要关注孩子的内心。田鹏被拐走三年，完全不记得过去的事，他只知道自己现在的妈妈。我们能够看到田文军和鲁晓娟的眼泪，能够感受到他们失去孩子的痛苦，但我们更应该看到田鹏的世界。一个不到三岁的孩子，被陌生人带到千里之外，每一次挣扎着试图逃脱，都能够让我们看到他那幼小的心灵怀有怎样的恐惧；三年后，他熟悉了的家没有了父亲，再次被“陌生人”带走，他的眼泪、他浓重的乡音、他小小的身体缩在高高的椅子上回答警察的问话，更加让人感到撕心裂肺的痛！

“社会是一座大厦，家庭就是组成这座大厦的砖块。砖块结实，大厦就坚固，如果砖块一碰就碎，大厦就成了危楼。父母缺乏责任感是使家庭脆弱的最主要的原因。如果您没有孩子，您只是一个普通的人；但是如果您有了孩子，您的肩上就要承担十倍甚至一千倍的责任。在您赋予一个人生命的同时，您也对人民承担了一份责任。这个思想在我们对家长的教育中贯穿始终。”(《睿智的父母之爱》，第118页。长江文艺出版社2014年11月版)

正是由于缺少这样的责任感，离婚似乎已经成为现代社会非常普遍的现象。所以田文军和鲁晓娟的离婚，表面上看似乎没有给田鹏带来多大的影响，而实际上在两个人为孩子跟谁过更有利于心理健康而争吵的时候，谁也没有想到，离婚本身已经对孩子造成了伤害。所以在孩子走失的最初几个小时，田文军还以为是鲁晓娟偷偷带走了孩子。可见，两人之间最缺少的是正常的沟通。每个人只关注自己的感受，不能够站在对方的角度想一想，更不能站在孩子的角度想一想。他们完全不知道，温馨和睦的家庭才是孩子健康成长的基石。

孩子被拐走，离婚的田文军认为自己成了“人下人”，无数次的被骗让他觉得无法理解，不能接受。即便如此，他依然发疯似的找孩子！因为他认为“孩子是支撑自己的最后一根线”！

一年后，他们寻找孩子无果，田文军也失去了自己赖以生存的店铺。直到这时，离婚的两个人终于开始关注到彼此，一起来到万里寻子会。鲁晓娟这才发现，原来有那么多跟他们一样失去孩子的人。听着他们分享自己的故事，鲁晓娟终于放声痛哭，她认为是自己的疏忽造成了田鹏的丢失。自责使她不能继续夫妻生活。再婚家庭中，孩子也许会成为夫妻间永远的障碍。对孩子的爱，使田文军和鲁晓娟慢慢忽略对方身上曾经无法容忍的缺点，再次并肩携手。

好在，历尽艰辛找回儿子之后，鲁晓娟终于能够理解孩子，终于开始关注孩子的内心。她为了让儿子能够安心，下决心收养吉芳，为此不惜跟丈夫闹翻。也许她的内心，正是想重新给孩子一个正常完整的家，只是这样的醒悟所付出的代价未免太大了！

2．人间有大爱，世界才温暖

影片中，一个个诈骗电话让我们感到绝望，但同时我们更要看到，民间自发组织的万里寻子会，不仅仅是寻找自己的孩子，还在进行公益宣传。是陌生人不求回报的帮助，田鹏才得以回到亲生父母身边；是高夏主动援助，李红琴才能走上法庭主张自己的权利。正是这些平凡人的闪光，让我们看到世界上的真与善，才使我们能够拥有从痛苦之中超拔出来的勇气。自责与消沉不能解决问题。万里寻子会的发起人韩德忠，醉酒之后讲起了自己吃猴头的经历。他们放生，他们吃斋，这一切都说明他们内心承载着沉重的负担，一种因果报应的观念压得他们无法抬头，不能从失去孩子的痛苦中走出来。那个丢了孩子三年之后再次生孩子的妈妈说，她觉得自己背叛了自己的女儿！

《亲爱的》剧照

“日子总得过下去，人终归要接受现实。”这是鲁晓娟的现任丈夫说的话，听着很刺耳，却是真理。万里寻子会上丢孩子的人那么多，最终也只是找回一个田鹏。韩德忠看着田文军扛着熟睡的孩子出门倒垃圾，给他发信息说：“我做了那么多，偏偏找到的是你。我找不动了。”在孩子丢失6年之后，他终于要去办生育证了。在田鹏的生日宴上，他宣布自己的媳妇怀孕了，接着却说对不起大家，躲到角落里痛哭。他勇敢地迈出了一步，但他却以为这是对大家的背叛，是对不知身在何处的儿子的背叛！无论怎样，人不能一味地沉浸在过去的痛苦中。致死的疾病是绝望。只有突破了自我设置的心理上的藩篱，人才能获得新生。你不仅要做到不放弃，你还要更加坚强！解决问题的唯一正途是社会每一个成员都觉醒并采取力所能及的行动！

3．母亲活得明白，才能给予孩子明白的爱

看完这部电影，我们应该意识到，农村的教育现状令人担忧。母亲的文化水平决定着一个国家的未来。

李红琴的故事让我们看到一个坚强的母亲形象，也让我们知道，只有教育才能够让我们活得明白，不自欺更不被人欺。她的丈夫在深圳打工，她在家中种地。夫妻俩没有孩子，丈夫说她不能生育，她就相信自己不能生育。她把丈夫带回来的孩子当作亲生的养育起来。这样一个看似愚昧的女子，却凭借着对孩子的爱，出狱之后只身来到深圳，决心把吉芳从孤儿院里接回家。她所做出的努力、她的善良和淳朴，感动了都市中油滑的小律师高夏，从一开始厌恶并试图摆脱她，到最终无偿援助她，带她上法庭争取吉芳的抚养权。最令人感动的是，当李红琴远远看见她的吉刚站在街头，不管不顾地冲下公交车，被一群失去理智的人殴打的时候，高夏一面护住李红琴，一面高喊"你们替她想过吗"。"勇者愤怒，抽刃向更强者；怯者愤怒，却抽刃向更弱者。"敢于向黑恶势力宣战，不应表现在对弱者的拳脚相加，而应该是从身边的小事做起。不作恶不助恶，更不能对恶视而不见！

4．人人献出一点爱，世界就变成美好的人间

小人物也可以有大作为，是高夏给我们的启示。且不论结果如何，他的行动就足以唤醒任何一个麻木的灵魂！

这部电影中呈现的社会阴暗面是一种客观存在，我们不能回避，也不必夸大。让孩子早点儿了解，也就可以早作防范，一旦遇到问题就能够机警应对。

我们必须明白，这些社会问题每天都在发生，杜绝此类事件的发生，我们每一个人都有着不可推卸的责任，每个人都应该而且能够有所作为！

共鸣共行

请你问一问孩子——

看到爸爸妈妈争吵，你心中是怎么想的？看了这部电影，你能够感受到爸爸妈妈对田鹏的爱吗？如果李红琴能够读完中学，她还会轻易地相信丈夫的话吗？

帮助孩子建立正确的价值观、多元的评价方式。对李红琴这个角色，孩子看了很容易会觉得她愚昧无知。但她身上体现出的坚强与质朴，却是令人振奋的。同样是失去孩子，她没有失魂落魄，即使因此被关在监狱里半年，她仍然能够非常坚定地走向陌生的城市，因为她的心中怀着对孩子的爱，那也是她生存的唯一希望。

请你问一问自己——

为了孩子的健康成长，你作出了怎样的努力？你愿意为了孩子多跟自己的另一半交流，发生了矛盾先从自己身上找原因吗？苏霍姆林斯基说：

“儿童从2岁到6、7岁，从周围环境中和他经常接触的人那里获得大量知识，这些知识好像都砌进了他的心理发展的地基。儿童个性中的精神财富，还有教育家称之为对知识的渴望、好奇心、探求精神、思维的敏捷性之类的东西，这些都在很大程度上取决于儿童从2岁到6、7岁所处的环境如何。”你是否在努力为孩子营造健康的成长环境？

亲爱的父母们，为了让孩子健康成长，我们首先要自己心理健康，要有帮助他人之心，要勇于参与公益事业。不仅爱自己的亲人，更应该把这种爱推广到社区、单位乃至国家和社会。

英国诗人约翰·多恩说：“没有人是一座孤岛，可以自全。每个人都是大陆的一片，整体的一部分。如果海水冲掉一块，欧洲就减小，如同一个海岬失掉一角，如同你的朋友或者你自己的领地失掉一块。任何人的死亡都是我的损失，因为我是人类的一员。因此，不要问丧钟为谁而鸣，它就为你而鸣。”同样，任何一个丢失孩子的家庭的悲哀都是整个社会的苦难，每个人都有责任和义务为我们的社会走向美好而努力。

相关推荐

推荐影片信息

影片名：《德蕾莎修女》
导 演：法布里奇奥·科斯塔
编 剧：马西莫·切罗福利尼
弗朗西斯科·斯卡尔达马利亚
主 演：奥利维亚·赫西　塞巴斯蒂安·索马
米高·文度
类 型：传记　历史
制片国家/地区：西班牙　英国　意大利
语 言：英语
上映时间：2003年
片 长：180分钟

李西西推荐语

爱才是宇宙中最强大、最恒久的力量。不是世界给她荣誉，是她荣耀了我们的世界。

精彩瞬间

四月份

环保

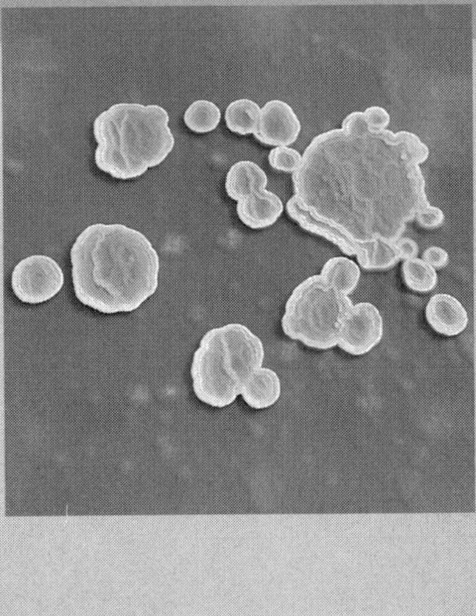

其实，世界不仅因为丰富多彩而美好，也因为丰富多彩才能运转，才能存在。

爱护环境，就是爱护我们的家园；爱护动植物，就是爱护人类自身。

尼采说：“人类根本不是万物之冠，每种生物都与他并列在同等完美的阶段上。”

当我们养成环保的习惯时，不仅会用更加平等的目光去看待世间万物，从大自然中获得更多美的感受，而且能够拥有一种更加宁静平和的心境，享受这一切。

爱与尊重塑造新的生命

——《小鹿斑比》

导赏：曾凡喜（安徽省霍邱县临水镇济丰希望小学）

影片信息

影片名：《小鹿斑比》
导 演： 大卫・汉德
编 剧： 费利克斯・萨尔藤
主 演： 哈迪・奥尔布赖特
蒂姆・戴维斯
斯坦・亚历山大
类 型： 动画
制片国家 / 地区： 美国
语 言： 英语
上映时间： 1942年
片 长： 70分钟

影片赏析

影片在歌曲“There Is Life”(《那就是生命》)中缓缓拉开帷幕，所有动物在黎明到来前欢快地唱着歌，小鹿斑比出生了。斑比学会了走路，和一只名叫打手的小兔子成为朋友。打手教会了斑比说话，认识周围的世界，直到天黑才离开。

就这样，斑比一天天长大，妈妈带着它来到了鹿群觅食的大草原。斑比在那里找到了它的父亲——大王子，一只勇敢、贤能的雄鹿，以及新的朋友——年龄和它相仿的雌鹿法玲。

也是在大草原上，斑比第一次接触到了可怕的人类——猎人们的枪声划破草原的寂静。草原上所有的动物都被吓跑了。勇敢的父亲带领着掉队的斑比好不容易逃离危险。可斑比不懂：“我们为什么要躲呢？草原本来是我们的，我们为什么要躲呢？”

当秋风带走了最后一片落叶，也将寒冷的冬天送来了。饥饿的斑比在

《小鹿斑比》剧照

草原上找到了一处新发芽的绿草，它扑在嫩草上贪婪地吃着。妈妈竖起警觉的耳朵：危险再一次来临！妈妈催促斑比快跑，不要回头，快躲起来，可是斑比回头寻找妈妈时，再也没有看见她的身影……

春回大地，长大的斑比、打手等小伙伴又相遇了。这一次，成熟的斑比在河边再一次遇到法玲，他情不自禁地坠入爱河，并为此和另一只雄鹿进行了决斗。这种成长，不光是身体的成长，更是心灵的成长。

在猎人又进入森林时，斑比不顾父亲离开森林的命令，前去寻找心爱的法玲。逃脱猎狗的撕咬，斑比刚刚救下法玲，却被猎人的子弹打中。中弹的斑比在父亲的鼓励下爬了起来，一起逃离被猎人燃起大火的森林……

大火过后，动物们回到了光秃秃的森林。生命还将继续，新的一代又将面临怎样的故事？

教育要点

《小鹿斑比》的主题强调爱与生命，故事从斑比踉跄学步开始，生动地记录了它与森林伙伴们在神奇的大自然里一起学习、成长的经历。母亲被猎人所杀，自己中枪，森林起火，瀑布逃生，为爱情决斗……斑比在历经了种种磨难之后成为一头雄伟的公鹿。这是生命的成长，这是责任的建立，这是爱的延续。

1．教育的作用

在这个影片里，教师的角色其实是和父母的角色合而为一的。

孩提时代父母无微不至的关怀，从斑比出生，妈妈不断的鼓励、妈妈带领斑比到草原上，都体现了一个母亲在孩子成长道路上所扮演的角色。

妈妈是人生的第一位老师。这位老师没有用严厉的呵斥，而是给孩子以信心，不断地鼓励“你可以的”“你一定行”。相比较我们现在的父母显得着急得多，他们总是在不停地催促着自己的子女快一点，不停地呵斥着自己的子女：“你怎么那么笨，别人怎么会做，你怎么不会?”就在斑比第一次接触大草原想快乐地跑两圈时，妈妈也是很和蔼地告诉他，草原上没有躲避的地方，应该怎么做，不应该怎么做，并通过自己的示范，一步步地将斑比带领到正确的道路上。

母亲用温文尔雅的柔和熏陶着斑比，父亲则用坚毅和刚强影响着斑比，在第一次草原上相见，父亲演示着什么叫责任，什么叫使命。作为群鹿的首领，大王子保卫着大家的安全。在猎人捕杀了母亲后，斑比面对悲痛，坚强地同大王子一起重新面对生活。在猎人射中自己时，他勇敢地同父亲一起逃离火海。

教育的环境也很重要。现在很多的留守儿童在家乡跟着爷爷奶奶，其中有很多显得很木讷，因为老人看得紧，生怕出现安全事故，而让孩子缺失了灵气。在学校里，大部分都是女教师，缺少了阳刚之气。由于父亲的缺位，现在的男孩子越来越女性化。应该让孩子学习斑比，看它在人生的几个转折点是怎样面对挫折和失败的。

2．关于爱

斑比在一出生就被爱所包围着——伙伴们的友爱、妈妈的母爱、大王子的父爱、同伴的真爱。斑比在得到爱的同时，把这种爱传递给了伙伴，成年后又把这种爱变成自己的责任，守护着种族。一个不懂得分享爱的民族是可怕的，一个没有爱的群体是懦弱的。

斑比在第一次遇到法玲时显得很害羞，是妈妈鼓励他要勇敢点。在和法玲心灵相通时却出现了一个比自己厉害的竞争对手，斑比用动物独特的方式赢得了法玲。

爱是自然而然的情歌，对异性的爱慕之情在不同年龄阶段也有不同的解读和表达，需要成人的正视和疏导。现实生活中，老师总是有一双“利眼”，能将早恋的苗头扼杀在摇篮里。上学时父母更是担心着自己的孩子，怕他们陷入早恋的沼泽，毕业后又催着他们结婚。大家总是在“堵”和“赌”，“堵”住了也就“赌”赢了，这种矛盾的做法形成了无数痛苦的结局。其实，我们更应该学着怎么样去“疏”和“输”，输掉和孩子的较量的心，就疏通了亲子、师生的感情。

3．关于尊重和要求

在斑比刚出生时，妈妈鼓励着斑比勇敢地站起来，妈妈相信自己的孩子是可以站起来的，鼓励中充满信任。相比较我们对孩子的学习显得就不那么自信。长期的社会生活中，孩子在怀疑的眼光中也越来越不自信，越来越缺少“闯”的勇气。生活在“你能行吗”的质疑中他们怎么能“长大”?

《小鹿斑比》剧照

在妈妈带领斑比来到大草原时，斑比本可以尽情地奔跑，但是却被妈妈严厉地呵斥，妈妈要让斑比知道处在没有保护的草原是相当危险的，保护好自己才是最主要的。而我们的学生，都是家中的“宝贝”，要什么给什么，他们更多的是躲在羽翼之下习惯了畏首畏尾。尤其现在的隔代教育，越来越多的孩子被宠坏了，当这些孩子走进校园，他们不愿意自己动手做事，不愿意与别人合作。

我们说教育需要家庭、社会、学校共同的配合，光有学校的教育，教育的结果只能是零。就像斑比如果没有妈妈的教导、父亲的带领、伙伴们的陪伴，再隐蔽的森林也帮不了他，不是死在猎人的枪下，就是饿死在森林里。

教育没有彩排，每一天都是直播；教育不能重来，错过了就永远错过了。教育需要我们父母陪伴，做智慧的家长。教育不是比赛，只能因材施教，不能光看终点的精彩，起点一样美丽。

共鸣共行

请你问一问孩子——

斑比在学习说话时，如果自己不想说，谁能强迫他呢？在猎枪打倒自己时，如果不想起来，谁能左右他呢？所谓“师傅领进门，修行在自身”。斑比的成长除了有外因，更多的是内因。主观能动性的发展决定着自己能否成为有用之人。

想一想，父母、老师、朋友是怎样对待你的？你又是怎样对待他们的建议的？想一想你之所以不能、之所以能的原因，相信你会越来越棒！

请你问一问自己——

在孩子成长的道路上，你扮演着什么角色？是虎爸虎妈的角色，严父慈母的角色，还是开放明主的角色？

在孩子的成长道路上，你是如何促进孩子成长的？是每天共行，还是偶尔相见？是和蔼地教育还是严厉地呵斥？是尊重信任还是怀疑贬低？

在孩子的交往中，你是处处干涉还是放手指导？在孩子迷茫时，你是袖手旁观还是全权代理？

特别需要提醒的是，我们在整个影片的观看过程中，应该弱化猎人捕杀动物的镜头。虽然是猎人破坏了森林的安静，甚至使森林毁灭，但这种仇恨不应该在孩子心里扎根。我们要将环保的意识与“种子”种进孩子的心灵，让他们懂得保护动植物的重要性，从小学会与动植物和谐相处，突出环保的意义与价值，不能单纯地强调猎人或人类多么的坏。我们要启发孩子，我们可以做什么来保护动植物，维持生态平衡，让孩子与影片形成情感上的共鸣，这将会收到意想不到的教育效果。

相关推荐

推荐影片信息

影片名：《昆虫总动员》

导 演：海琳·吉罗　托马斯·绍博

编 剧：托马斯·绍博　海琳·吉罗

类 型：动画　冒险

制片国家/地区：法国　比利时

语 言：无对白

上映时间：2013年

片 长：89分钟

李西西推荐语

这个世界不仅仅生活着我们人类，还有各种各样的小生物。

它们有时离我们很远，有时离我们很近。这部电影“记录”了它们的生活，看一看，和我们所观察到的一样不一样吧。

生命之花在大自然中怒放

——《可爱的动物》

导赏：党玲芬（河南省焦作市孟州市育新小学）

影片信息

影片名：《可爱的动物》
导 演：加美·尤伊斯
编 剧：加美·尤伊斯
制片国家 / 地区：南非
语 言：英语
类 型：纪录片　喜剧
上映时间：1974年
片 长：92分钟

影片赏析

本片被称为一部“有剧本的纪录片”，但拍摄角度和眼光与纪录片有所不同。

影片的开场是沙漠的大场面空镜头，一幕幕风卷黄沙的景象给人一种视觉上的冲击，同时又与接下来沙漠中神奇的生命形成对比，在开篇就将主题直接抛给了观众：世界上最干枯的沙漠中也有生命存在，而可爱的动物在这儿将会演奏出世界上最壮丽的交响乐。

在导演心里，似乎沙漠的每一处地方都是天堂。正是这样的心态，每一个动物才能够如此可爱：像汽车那样跑得飞快来散热，求爱在奔跑中的一个吻就结束了；狒狒的杂技表演，同时进洞却被卡住的箭猪，吃多了水果而醉倒的动物们，95%的时间一动不动的欧石鸟，幼年狮子狐假虎威的得意的笑，鳊如何保护它的一千个孩子，响尾蛇如何使用连环计捕获壁虎，鸭妈妈如何与土狼斗智斗勇地较量……

影片中音乐和画面的无间结合，让动物在音乐中更加鲜活：鸵鸟啄食时脑袋的起落形成轻巧的敲击乐，毛毛虫的步子能够踩上鼓点，獾在被马蜂蜇到时会被鸣哨示警，花儿的欣欣向荣更是一场盛大的交响乐表演。当精妙的剪辑遇上绝佳配乐，就会出现啄木鸟和甲壳虫的“惊世告白”……

虽然在旱季来临的时候繁荣就像是从来没有存在过，但在结尾的时候一场大雨结束了太阳的铁腕统治，惊醒了所有的生命。艰难求生是存在的，但重要的是生命终将延续不息。

同样是沙漠，加美·尤伊斯的沙漠充斥着巨大的吸引力，或许这也就是动物们的可爱之处，是生命的魅力之所在。

教育要点

1. 如果世界无趣，是因为你丢掉了趣味

大自然总是带给我们很复杂的感觉。

比如纳米比亚沙漠。这里可以是人间天堂，清晨的露珠滴在花瓣上，阳光通过露珠折射出美丽的光辉，目之所及，一片姹紫嫣红，仿佛置身于大观园的一片花海中；这里又可以是一片死亡之谷，雨水如同日全食那般可遇而不可求，大部分时间中，这里只有无尽的干旱和阳光那无情的炙烤。

在纳米比亚沙漠生活着的生物，每时每刻都在死亡线上挣扎。它们在等待那个势必到来却又迟迟未来的雨季，也许它们将死于雨滴降落的前一天。在渴盼雨水君临天下的同时，它们还必须抵御天敌的进攻。这里既是安详的乐土，又是充满竞争的角斗场。

《可爱的动物》剧照

尽管如此，这里的每个生物依然爱着这里。

它们似乎在告诉我们：如果世界无趣，是因为你丢掉了趣味。世上所有的事物都有它丑的一面，也有它美的一面。如我们身处的环境，会有浮躁喧嚣，会有不良的东西侵入我们的心灵，但这些不过是表层的尘埃，拂去它们，依然可以看

到一个真、善、美的世界。我看透了这个世界，但我依然爱它。这是一种包容，一种向内的审视。若自我内心有坚持，光亮自会逐渐透过云层照亮心房。所以我们必须时刻保持寻找乐趣、创造乐趣的心态，这样我们的生活才不至于过于黯淡，认为生存失去了意义。这种乐趣直接来自我们的生活以及我们对待生活的心态。真正的乐趣，就是没有负担的乐趣。

土狼生了一副锋利的牙，却配了个柔弱的身体，只好做些欺软怕硬的勾当。壁虎总是慢条斯理，热了就伸舌头舔舔眼睛，右手扭扭，右脚扭扭，左手扭扭，左脚扭扭，很曼妙地潜到沙子里。疣猪很丑，但很体贴，会在结婚之前去冲个凉，嗯，在泥里滚一滚，果然看上去美多了，焕然一新呀。这时候新娘子也忙着让新家焕然一新，该扔的扔，该踩的踩。雄织巢鸟在新娘子面前建房，会有点儿紧张不安。完成后，它停在树枝上忐忑不安地邀请新娘子来视察。新娘飞过，长长地看了它未来的家一眼——不是很好看，而且也不喜欢它们的邻居。“你不喜欢?”“我不喜欢。”于是，雄织巢鸟又开始认真地织新巢……如此来看，各种生物无一不奇趣可爱。

2．你看到的或许是自己

动物们的可爱不在于它们的外貌，而在于它们的生活。可是长期以来，人们凌驾于大多数生物之上的优越感还是存在的，人们习惯于看到宠物听主人的话，做主人喜欢的事情。一定程度上，人类是孤独的，他们希望宠物能够更加接近自己的生活，所以，如果某只宠物做出更像人类的活动时，人们便欣喜异常，也就觉得动物更加可爱了。另一方面，人们潜意识里会觉得动物并不如人，一旦动物的行为像人类便会觉得新奇，新奇之余更是自身优越感的表现，就像人们一直以来都喜欢看模仿秀一样，从某种程度上来说，人们是在嘲笑动物。但，正如影片的英文名字所说的一样——Animals are beautiful people（直译：动物是美好的人民），你看到的或许只是一群动物，也或许就是我们自己。

富有经验的沙漠猎人在狒狒面前表演了一场好戏：首先，在一棵树上挖一个洞，同时确定有狒狒在看着他，因为他知道狒狒总是很好奇。然后在洞里放一些野瓜种后就走开了，他知道狒狒已经被好奇心折磨得不行了。狒狒根本不相信人类，装出若无其事的样子，但它真的想知道洞里有什么。最终这个“好奇先生”忍不住了，它一定要探个究竟。它把手伸进洞里去抓了一把，结果这一把太大了，手拿不出来了。如果丢下种子的话，手就可以出来了，但它就是舍不得这样做。这是捉狒狒的一个很聪明的办法。那么，究竟是人类太聪明，还是狒狒太笨？其实狒狒的这种性情跟人类何其相似！有个类似的关于人的故事：一个孩子把手伸进一只古董花瓶里怎么也拿不出来了，后来家人不得不把花瓶打碎。当孩子松开紧攥的拳头，手心里是一枚湿漉漉的硬币。很多时候，我们就是那个孩子。

变色龙的两只眼睛互不干扰地转动着，所以它可以知道自己从哪里来，到哪里去。“我们从哪里来，我们是谁，我们到哪里去?”我们人类究其一生都在追问自己这个问题。若不然，我们会走着走着就迷失在了人生的荒漠之中。我们需要走一段时间，再停下来等等自己的灵魂。回头望望自己走过的路，是否偏离了出发的方向。影片中的变色龙就像个大彻大悟的哲学家，在不经意中带给我们人生的启示。

3．生命的脆弱与坚强

然而，动物们的生活也并不总是充满乐趣，悲剧常常降临。有些年份对鹈鹕来说干旱来得太早了，它们栖息在干涸的湖中央，做父母的无助地站在那里，看着它们的孩子在忍受饥渴的折磨。它们快长大了，但还不会飞，所以就被困在了这里。一个小家伙漫无目的地走在烈日下，它的父母只能绝望地看着。在它生命开始的几周内，这里可是有一个无边际的湖，

《可爱的动物》剧照

它不明白美妙的生活怎么会变得这么悲惨。它不停地走，希望可以找回以前的生活。最终，那些父母放弃了孩子，飞向了大海。它们的孩子还在走。沙漠还是一望无际，这只是一个只留下一串小脚印的死亡旅程。

那枯干的、弱小的尸体躺在干裂的土地上是那么让人心痛。大自然有时候就是这么残酷，残酷到不给生命任何机会。弱肉强食的杀戮每天都会上演，生命的存在必然有命运的挑战，我们也只能看着，做不了什么。哪怕是到时候我们的生命受到考验，那也只能我们自己去挑战、去渡过难关。这也是生活的一部分，只是被我们有意无意地回避了。

生命的意义不在于生活的每一天都会有开心的事情，而在于历经重重磨难还是可以看到笑脸。在这一方面，我不得不说很佩服动物们。荒无人烟的沙漠是动物的天堂，人类无法生存的地方，看似脆弱的动物们却能怡然自得，这不能不说是上天的公平，也正是上天的恩赐让动物们和人类平分家园。

影片结尾，一场大雨结束了太阳的铁腕统治，惊醒了所有的生命。艰难求生是存在的，但重要的是生命终将延续不息。这些带给我们的不仅是一种震撼，更多的是思考。在生命旅途中，濒临绝境、无人可援助之时，我们是否能像这些小鹈鹕一样，选择不停地走，哪怕早已深知是向死而生？

共鸣共行

请你问一问孩子——

你有没有因为在生活中遭遇困难与挫折而放弃呢？有没有面对种种不如意而对生活充满悲观失望呢？如果有，你不妨留心观察一下你身边的大自然的美丽与无情，留意一下身边的动植物在变幻莫测的大自然中如何坚强地生存。说不定，你会在一个个小小的生物身上寻找到许多积极向上的因素和对生活的热爱。

你在看这部电影的时候，是否感觉到了大自然既美如天堂，又残酷如地狱？但无论是天堂还是地狱，动植物们都在以自己最积极的姿态努力活出自己；无论是必须靠快速奔跑来散热且求爱也得在奔跑中进行的甲虫，还是新婚前到河水中冲个澡的很丑的疣猪，无论是与土狼斗智斗勇的鸭妈妈，还是为新娘一遍遍建造房子的雄织巢鸟……你是否从它们身上体会出了“可爱”的含义？当你看着小鹈鹕在提早到来的旱季中用躯体丈量着渺茫的求生之路，沿途不断有小鹈鹕倒下，尸体排出若干公里，而前方的沙漠依然望不到尽头，但它们依然执着地向前走时，你是否从这些可爱的动物身上看得到自己？欣赏这个变幻莫测的大自然吧，爱这些可爱的动物们吧，爱这所有，其实是在学会如何爱自己。

请你问一问自己——

如果你是孩子的父母或者老师，你是否为孩子传递着乐观向上的生活情绪？是否忽略了生活中很多隐藏着的美？是否在某些不得已的情况下，有过像小鹈鹕的父母一样，绝望地看着他们在挣扎中学会面对自己的命运？当你看着这部电影，从广袤的大自然中，从千姿百态的动物身上，相信你会收获很多爱的启示。

相关推荐

推荐影片信息

影片名：《大气层消失》
导 演：冯小宁
编 剧：冯小宁
主 演：张宁　吕丽萍　吴京安　王咏歌　张京生
类 型：科幻　儿童
制片国家 / 地区：中国
语 言：普通话
上映时间：1990年
片 长：93分钟

李西西推荐语

白猫和大狗为了拯救地球上的生命甘愿被火烧死，而大人们对环境污染根本不在乎。这是怎样的世界？

未来家园由现在筑造

——《家园》

导赏：张桂香（河南省周口市商水县化河乡一中）

影片信息

影片名：《家园》
导 演： 扬·阿尔蒂斯-贝特朗
主 演： 扬·阿尔蒂斯-贝特朗
格伦克洛斯
雅克·甘布林
类 型： 纪录片　儿童　自然
制片国家/地区： 法国
语 言： 法语　英语　俄语
西班牙语　德语
上映时间： 2009年
片 长： 118分钟

影片赏析

经过40亿年的漫长演变，地球变成一个物种繁多、资源丰富、奇特美丽的蓝色星球。然而自人类出现以来，我们只用了20多万年的时间，便将地球的宝贵资源几乎消耗殆尽。珍稀物种灭绝，多种资源奇缺，污染日益严重，人类以及地球的明天将何去何从？

打开这部纪录片，我们最初为画面的美所震撼，然而看着看着，心情渐渐沉重。生命是宇宙的奇迹，它出现于40亿年前，而我们人类，只有20多万年的历史。但作为地球上的一个物种，我们人类正在破坏地球上的生态平衡，疯狂挥霍地球资源，后果会是什么？我们现在已经能看得见，或者说，我们可以借助这部影片看见，除非你装作视而不见。

影片通过大量的航拍画面，配以平静而深沉的解说以及直抵心灵的音乐，一步步展现地球的生命起源，人类对土地、动物和能源的征服，以及越来越快的工业发展带来的对地球整体生态的影响，最后告诉我们“要悲观已经太迟”，只有团结一致行动起来，而且现在很多国家已经在行动。

影片导演扬·阿尔蒂斯-贝特朗经过15年的筹备，历访50多个国家拍成此片。本片素材长达488小时，拍摄周期为21个月，共动用88 000名员工，从澳洲海底的大堡礁到非洲肯亚高原的乞力马扎罗山，从亚马孙热带雨林到戈壁沙漠，从美国得克萨斯州连绵不断的棉花田到中国上海、深圳的工业城镇，影片以上帝的俯瞰视角向世人展现地球的绝美以及日趋危急的现状。明天并不遥远，但我们该选择怎样的未来？

教育要点

囿于我们所处的环境和眼界，我们对地球生态平衡、对自己对地球做了什么以及后果将是什么，可能看不清楚，那么观看这部影片，让我们跟随摄影师一起走进《家园》，看看我们这个家园生态的过去、现在，思考我们这个家园的未来吧。

1．分享就是一切

影片告诉我们，最初，我们的星球不过是一个大火球，是伴随着它的恒星——太阳诞生而形成的一团尘埃颗粒，就像宇宙里面许多类似的星云，然而生命的奇迹就此诞生。因为有水，地球有了一个与众不同的未来。

在地球上，在生命的伟大历史中，每种生物各司其职，各就其位，没有多余或有害，它们相互关联，分享就是一切。

而我们这些聪明的人类，在进入“剧情”后短短的历史中，已经改变了世界的面貌。尽管我们脆弱，但我们占据了所有的栖息地，征服了所有的土地。在此之前任何生物都未曾做过。

2．越来越快

我们人类发展迅速：建立城镇，驯服动物，利用地下的“阳光”——煤、石油、天然气，工业也因为“阳光”极大的、广泛的应用而飞速发展。

一切都越来越快——

越来越快。过去60年，人类人口倍增，超过20亿人移居城市。

越来越快。深圳40年前只是个偏僻的渔村，现在拥有数以百计的摩天大楼和数百万人口。

越来越快。20年来，上海建成了3 000座高楼大厦，另有数百座正在建设中。

越来越快。新兴农业免除了对土壤和季节的依赖，塑料布令小片土地出产前所未有的丰富收成，适应了土壤和气候的谷物被产量高和易于运输的品种所取代。于是，在20世纪，农民在数千年间培育的品种有3/4绝种。极目所见，下施肥料，上覆塑料。

越来越快。生产1千克马铃薯要用100升水，1千克米要4 000升水，而1千克牛肉要13 000升水，这还不算在生产和运输过程中被耗掉的石油。

越来越快。距离不再以英里度量，而是多少分钟车程，汽车在重塑郊区面貌。

越来越快。对能源的渴求就越来越高，造船厂大量制造油轮、货柜船、煤气运输船，以应对世界性工业生产的需求。

越来越快。我们家园的生态平衡必然会遭到破坏——还记得我们中国哲学家发明的太极图吗？“黑鱼”和“白鱼”达到平衡，才是我们这个世界的发展之道，可是我们追求财富，追求利益，追求速度，追求享受，会带来怎

《家园》剧照

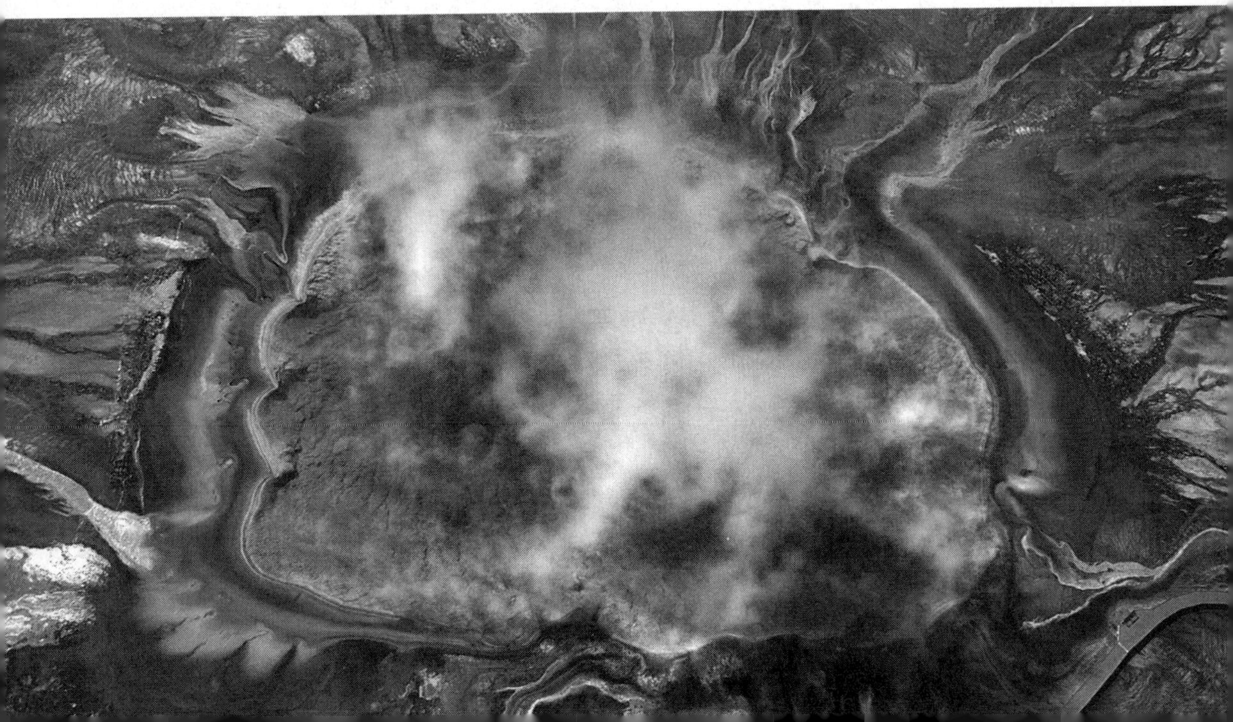

样的恶果?

3. 触目惊心

恶果现在就可以看得见——

对于海洋世界我们了解多少?它覆盖了地球3/4的面积，海洋深度仍是个谜，海洋中有多少种物种，对我们来说也是个谜。

自1950年起，渔业捕获量增加了5倍，由每年1 800万吨增长到1亿吨，数以千计的加工渔船掏空了海洋，3/4的渔场已经枯竭、废弃或濒临废弃。大型鱼类已所剩无几，因为没有时间繁殖，我们把上苍赋予的生命循环给摧毁了。

我们忘记了资源是珍贵的。5亿人口在沙漠地带，比欧洲人口还要多，他们懂得水的价值，他们也爱惜涓滴。在这里，他们依赖水井中的原生地层水，这是由25 000年前降于沙漠的雨水聚集而成的。原生地层水令谷物得以在沙漠上生长，为当地人提供食粮。圆形的农田，由围绕中心的管道进行灌溉，但代价是沉重的——原生地层水不可再生啊!

在中东约旦河畔，用现代化耕种的梦已褪去，奔流的约旦河已成为涓涓细流。现在，地球上每10条大河，就有1条每年数月不能流进大海。在印度西部，30%的水井已被遗弃，地下含水层开始干涸。

到2025年前，水荒问题会影响20亿人的生活。不过，地球上一些未被破坏的地区仍然水量充沛——湿地。在20世纪，地球上一半的沼泽被破坏、被消灭，我们竟然不知道它的丰富和所担当的角色。所有生物都互相联系：水、空气、土、树木。世界的魔法就在我们眼前：树木呼吸地下水以薄雾形态送到大气中，它们形成遮蓬缓和大雨的冲击，并保护泥土免于流失；森林为生命提供潮湿环境，它们也是雨水的来源；树林储蓄着碳，它的含碳量比大气都多，是我们赖以生存的气候平衡的基石；树木为地球3/4生物品种提供栖息地，每年我们都能在其中发现一些新的物种，包括昆虫、鸟类和哺乳动物；森林可以为我们提供医治疾病的药物，我们的身体可以辨认这些植物分泌的物体，我们的细胞说着同一种语言，我们是同一家族。

影片讲述了复活节岛的故事，情节令人触目惊心。这是一个最偏僻的岛屿，岛上的居民把资源开发殆尽，他们的文明已不存在。这里曾矗

《家园》剧照

立着地球上最高的棕榈树，如今却荡然无存。当地人把树变成木材导致水土大量流失，他们无法再出海捕鱼，因为已无树木用来做独木舟了。在复活节岛曾建立了太平洋最耀眼的文明，出现了大量富有创造力的农夫、雕塑家和杰出的航海家，后来却在人口过剩、资源紧缺的夹缝中挣扎，结果酿成社会动荡、叛乱和饥荒，在巨变中只有很少的人幸存。复活节岛的真正谜团不是岛上奇异的雕像，而是当地人为何不及时作出反应，这不能不让我们反思。

我们的油船越来越大，我们对能源的需求越来越高。运输业、森林砍伐、农业等等，这些活动释放出大量的二氧化碳，在不知不觉中破坏了地球的气候平衡。人类的全部目光都集中于南、北两极，这里的地球变暖表现最明显。一切来得太快了，经由北极连接欧亚的西北航道打开了，北极的冰冠开始融化。

在全球变暖的影响下，40年来冰冠的厚度减少了40%，它在夏天时表面积下降，可能在2030年将全部消失。很快这些水就会在夏天的几个月里脱离冰川，本来被大冰原反射的阳光，现在直照深海，并加热海水，这样更加速了暖化的过程。

全球70%的人口住在沿海平原，15个最大城市有11个位于海岸线或河口，如果冰川融化导致海平面上升，咸水会侵入地下，令居民失去饮用水，人口迁移已无可避免，唯一不能肯定的是它的规模。

在西伯利亚等严寒地区，因气候寒冷大地常年被冰冻，被称为久冻地带，在它的地表下是一颗气候“定时炸弹”——甲烷。甲烷比二氧化碳的温室效应要强20倍，如果永久冻土一旦融化，释放出的甲烷会令温室效应加剧以致无法控制，那将产生无法预料的后果。

从生命起源开始，水、空气和生命形态就密切相连。但近些年来，这些链条已经遭到破坏。我们按自己的想象改变了地球，我们只有很少的时间去做出修复。如果我们拒绝为我们自己的所作所为负责，那么——

每天有5 000人死于饮用水污染，10亿人喝不到安全的饮用水；

近10亿人面临饥荒；

全球粮食贸易量的50%用于饲养或制造生物燃料；

40%可耕农田遭到长期破坏；

每年有1 300万公顷森林消失；

1/4的哺乳动物、1/8的鸟类和1/3的两栖动物面临灭绝；

物种死亡的速度超过其自然繁殖速度的1 000倍；

3/4的渔场已枯竭、废弃或处于减产的危险；

过去15年平均气温是有记录以来最高的；

冰盖厚度比40年前减少了40%；

到2050年会有2亿人沦为气候难民。

这些数字是如此令人心惊，无论你是谁，总有一组数据就在你身边产生！

4．要悲观已经太迟

影片为我们展示了沙漠中绵延的难民营，大得像座城市。明天会有多少男女老幼又将流离失所？我们一定要筑墙，破坏人类团结，分离人种，维护某些人的幸福而不管其他人死活吗？要悲观已经太迟了，一个人就可以推倒所有的墙；要悲观已经太迟，全世界每5个小孩子就有4个在上学，从来没有这么多人受到教育，每个人无论男女贫富都能作出贡献。

加蓬，是全球最大的木材生产国，它强制执行选择性砍伐，每公顷只能砍伐一棵树。它的森林是国家重要经济来源，但它们现在有足够的时间再生。

新西兰、冰岛、奥地利、瑞典等国政府，决定把再生能源发展作为最优先项目。我们知道地球上80%的能源来自石化能源。丹麦的一个火力发电厂，它把释放的碳送到地底而不是天空。这是未来的解决方案吗？暂时还没有人知道。冰岛有利用地热资源的发电厂；躺在海中的“海鳗”可以利用海浪能量来发电；丹麦用海岸风力发电，它可以产生该国20%的电力；美国、印度、德国和西班牙是再生能源的最大投资者，它们已经提供了250万个工作岗位。

地球上哪里会没有风？人类能否像植物一样捕获太阳的能量？我们要做的是停止对地球的钻探，把目光移到天空。这些实验只是例子，但表明了新的认知，它们以节制、智慧、分享为本，为新的人类冒险奠定基础。

是该团结一心的时候了。重要的不是消失了什么，而是我们现在拥有的，我们仍然拥有半个世界的树林，大量的河流、湖泊和冰川及众多的生物物种。我们知道有什么解决方法，我们都有力量去改变世界，我们还在等什么呢！

悲观是没有用的，未来如何书写，取决于我们自己，让我们团结一致吧！

共鸣共行

请你问一问孩子——

从观看完影片后，就开始关注一下我们的城市，有没有只注重发展经济却严重破坏生态、毁坏环境的现象？关注一下我们的周围，有没有任意浪费资源的例子？关注一下我们自己，是不是在努力过一种低碳环保的生活？

其实，爱护我们的家园，不只是眼光向外，总盯着别人怎么做，更重要的是眼光向内，想想自己可以为保护我们的家园做些什么。

口号总是苍白的，如果不去行动；呼吁总是无力的，如果我们不从自己做起。

守护家园，听起来口气很大，但每一个人落实在行动，就是从很小的事做起，比如纸张的重复利用，文具用完再换，把垃圾分类放置，尽量不用一次性塑料袋、一次性筷子、一次性餐具……

请你问一问自己——

如果你是孩子的父母或者老师，你是否也在经常给孩子讲保护地球家园的重要性？看完影片后，你是否可以引导孩子关注我们的身边、我们的城市生态状况，甚至可以围绕一个现象做一番调查？相信你领着孩子做了之后，守护家园就不再是一个空洞的词汇。

作为父母或老师，我们是不是更应该在环保方面做孩子的榜样？其实真的很简单：在交通工具的选择上，我们可以减少私家车出行，多乘坐公交或地铁；在饮食方面，我们可以选择绿色食品，抵制野味；在家里，我们拒绝使用一次性物品；在街上，我们不随意乱丢垃圾。

也许我们能影响的范围有限，但我们可以影响自己和孩子，为守护我们的家园做自己能做的，这是我们的责任和义务，不是吗？

相关推荐

推荐影片信息

影片名：《旅行到宇宙边缘》
导 演：伊尔・阿巴斯
编 剧：奈基尔・海贝斯
主 演：亚历克・鲍德温　西恩・帕特维
类 型：纪录片
制片国家/地区：美国
语 言：英语　东格陵兰语
上映时间：2008年
片 长：90分钟

李西西推荐语

旅行到宇宙边缘，见识一下我们所能认知到的最遥远的距离。

五月份

劳动

越是有才能的人，越是能够在劳动中感到至高的欢乐。才能不足的人，也能够从劳动中获得创造的灵感。

生命能够产生什么价值，完全在于劳动。所以，李大钊说："我觉得人生求乐的方法，最好莫过于尊重劳动。一切乐境，都可由劳动得来，一切苦境，都可由劳动解脱。"

勤奋地劳作，就能诗意地栖居。

你在为谁工作

——《蜜蜂总动员》

导赏：熊发顺（江西省南昌市南昌县莲塘三小）

影片信息

影片名：《蜜蜂总动员》
导 演： 史蒂夫·希克纳
西蒙·史密斯
编 剧： 斯派克·费雷斯滕
主 演： 杰瑞·宋飞 蕾妮·齐薇格
马修·布罗德里克
类 型： 喜剧 动画 家庭 冒险
制片国家/地区： 美国
语 言： 英语
上映时间： 2007年
片 长： 91分钟

影片赏析

“根据目前已知的飞行定律，蜜蜂是不可能飞起来的，它的翅膀小得根本无法让胖乎乎的身体离开地面。当然，蜜蜂还是飞起来了，因为它们根本不在意那些在人类看来不可能的事情。”这是电影《蜜蜂总动员》片头的一段独白。电影语言一开始就把蜜蜂的故事与人类的事情交织在一起。

蜜蜂巴里为了寻求一生从事的一行工作，来到蜂房外面闯荡，意外地遇见了一位花商女孩维纳莎。巴里违反了蜜蜂法，和人类对话，实现了电影主题在蜜蜂和人类之间交织，围绕工作的选择、劳动的权利和义务这两个核心命题展开故事的演绎。

巴里从蜜蜂学校毕业开始选择工作，对巴里来说这件事很激动人心，他表现得锐气逼人。蜂房工业展现了一幅现代工业的画卷，六角集团里的每一份工作都非常琐碎，需要做好每一个细节才能成就大事业。而且一旦选定一行以后，下半辈子就没得改了。花粉计数员、特技工、倒蜜工、搅拌工、前台接待、毛发清洁工……爸爸给他推荐了搅拌工作。这些，在巴

《蜜蜂总动员》剧照

里看来都是很傻的事情，他觉得每天重复同样的工作，过着组织严密的生活很无聊。他更向往蜂房外面自由的工作，做着大家不知道的事情，尽管外面充满了危险。可是，不是想当授粉员就能当的，他能飞行那么远吗？外面的世界充满了太多的未知凶险。女孩维纳莎和巴里一样，没有听从父母的安排，而是选择了自己喜欢的职业，做了一名花商。

巴里发现人类掠夺了蜜蜂的劳动果实，并起诉人类盗取了他们的蜂蜜，他要维护蜜蜂劳动的权益，上演了一出蜜蜂的世界大审判，并最终取得胜利。可是又产生了新的问题，人类和自然的平衡被破坏，产能过剩，蜜蜂工厂停业，蜜蜂们不再劳动，世界失去了秩序。这是谁的错呢？巴里看见蜜蜂不产蜜影响到其他所有的事物，在花展这个戏剧发展过程中，他让蜜蜂重新开始工作，重新回到授粉采蜜的生活方式。蜜蜂回来了，画面回到了电影开始的色彩斑斓的世界。电影构思的故事情节、画面视觉冲突，带给我们的思考是：人类及其他所有物种，不仅有权利捍卫自己的劳动成果，而且有义务为着改变这个世界，为着延续种群的发展，劳动不停止！

巴里最终成长为一个真正的蜜蜂勇士。

教育要点

1．离开学校前要接受职业教育

《蜜蜂总动员》这部电影，引起了我们对劳动的价值取向、劳动的权利和义务的思考。马克思把劳动称之为社会围绕之旋转的太阳，可见劳动问题是人类历史的中心问题。劳动的主体始终是人，劳动始终是人的劳动，劳动的价值取向则是为了人的自由而全面的发展。

在我们身边，“我不过是在为老板打工”，“我要挣取更高的工资来买房、买车、养活家人”，“工作吗，过得去就行”……这些想法很普遍。作为父母或老师的我们，在自己的职业生涯发展过程中，有没有很好地回答“你在为谁工作”这个问题呢？

《蜜蜂总动员》剧照

朱永新老师说，人的一生实际生活在四个地方：母亲的子宫里、家庭、教室和职场。一个人离开学校以后就要开始工作，在哪个单位工作？选择一份什么样的工作？作为终将要长大的人，工作的质量往往决定着生活的质量。在孩子职业前期的学习过程中，进行正确的职业精神的教育与引导，就显得尤为重要了。随时引导孩子想象将来成为一个什么样的人，从事一份怎样的职业，有助于孩子自我理想的发展，有助于孩子最终树立正确的生命价值观和社会归属感。

2．赢得选择的权利

电影里的巴里，经过了3天的小学、3天的中学和3天的大学生活，面临着选择工作的问题。直到这一天，他才知道一旦选定一行以后，下半辈子就没得改了，他在抱怨为什么没有人早点儿告诉他。孩子寒窗苦读来的知识、孩子的应变能力、孩子的决断力、孩子的社会适应力以及社会交往能力都将在后来的工作舞台上得到展示。我们的教育跟这个生命后来的问题有多少联系呢？龙应台写给儿子安德烈的一段话说："孩子，我要求你读书用功，不是因为我要你跟别人比成绩，而是因为，我希望你将来会拥有选择的权利，选择有意义、有时间的工作，而不是被迫谋生。"振动我们心灵的是，除了工作，没有哪项活动能提供如此高度的充实自我、表达自我的机会，以及如此强的个人使命感和一种活着的理由。

3．保护自己的劳动权益

在"每月一事——让我们学会劳动"项目中，除了教给孩子必要的劳动知识、劳动技能外，更重要的是培养孩子的职业精神，培养一个具有独立思想的人，等到孩子迈向社会的这一天，才会缓解他们对于这个社会的恐惧感、紧张感，才能把握好自己生命的方向，成为一个健全的社会人。

电影里巴里发现人类掠夺了蜜蜂的劳动果实，为什么要把人类告上法庭呢？一是蜜蜂们都不知道这件事，这是窃取了蜜蜂的劳动果实；二是通过灌装蜂蜜非法谋取利益；三是蜜蜂被关在蜂房里成天卖命地干活，失去自由。巴里视蜂蜜为生命，他必须要用法律武器保护劳动者的合法权益不受到侵害。在维权的路上，巴里以不畏惧改变世界的精神，通过调查取证、新闻媒体曝光、团队合作、法律诉讼等智慧的策略，最终赢得了胜利。本片的这些情节是进行劳动权益保护最丰富的教育资源。

4．劳动让世界更美好

你究竟在为谁工作呢？当蜜蜂工厂停止生产，所有的蜜蜂都停止工作时，我们从电影里看到，蜜蜂种群开始退化，整个世界失去了生命的色彩。巴里开始静静反思这个简单而又包含着人生意义的问题。从这里看出，职业精神的追求影响着一个人精神世界的发展——在生活的表象之下，体会劳动的真谛：劳动是为了人的自由和全面的发展。

共鸣共行

请你问一问孩子——

你有没有在日常生活的劳动过程中，因为没有得到你应有的报酬而沮丧、难过，甚至生气呢？当你丧失劳动热情，当你对劳动产生埋怨情绪的时候，请你看一看你正在创造什么，从这些行动中寻找劳动的价值和意义。

你在看这部电影的时候，是否也会想起终有一天，你也将面临职业的选择，你希望将来自己从事什么样的工作呢？你现在所学的课程哪些跟你将来的工作有关系呢？我们趁现在学习的黄金年龄段，做好知识上、能力上、思想上的准备吧，努力成为改造这个世界的主人。

请你问一问自己——

如果你是孩子的父母或者老师，你是否对自己所从事的工作有强烈的认同感呢？你在自己的工作岗位上为你周围的人、为这个社会带去过什么？父母是孩子的人生榜样，你的工作态度、劳动价值观会悄然无声地影响你身边的孩子。希望看了这部电影，你可以带着孩子去你工作的地方看看，让孩子看到你的工作状态、工作成绩，在孩子面前展现一个更丰富、更真实的你。

相关推荐

推荐影片信息

影片名：《马兰花》
导 演： 李剑平　耿琳
编 剧： 任德耀　韩笑
主 演： 刘海霞　吉静　齐昕欣　董志斌　张文渔
类 型： 动画
制片国家 / 地区： 中国
语 言： 普通话
上映时间： 2006年
片 长： 48分钟

李西西推荐语

马兰花只为勤劳的人盛开！

双手创造奇迹

——《荒岛余生》

导赏：彭文学（四川省成都市成都外国语学校附属小学）

影片信息

影片名：《荒岛余生》
导 演：罗伯特·泽米吉斯
编 剧：威廉·保尔斯·杰宁
主 演：汤姆·汉克斯
海伦·亨特　尼克·西塞
类 型：冒险
制片国家 / 地区：美国
语 言：英语
上映时间：2000年
片 长：143分钟

影片赏析

查克是联邦快递公司的系统工程师，是一个生活节奏快，也总是在催促别人快的人。因为他总是忙于工作，连陪女朋友的时间也极少。电影一开始，我们看到的查理就是一个被时间追赶着跑的人。

这部电影上映16年了，然而查理当年的生活状态与我们今天的快节奏生活是何其相似。我们不断地催促自己：“快，快，快!”也不断催别人，甚至孩子：“快点，快点！可不要拖拖拉拉，再不快点来不及了。”

然而，查克在一次出差的旅程中，他负责送邮件的飞机失事，机组人员全部遇难，查克也被困在一座荒无人烟、资源贫乏的小岛上。从此，时间对查克来说似乎没有了意义。孤独漫长的小岛生活什么时候才到头？也许正是因为这样，查克开始真正思考：生命的意义究竟是什么？

面对生活中的种种困境，面对难以承受的孤独，查克想用自杀来解脱。这是人生的一种大落差，不是每一个人都会经历查克的遭遇。但是，在人生的某一个阶段，也许每个人的内心都会经历一次荒岛求生的历程。那种似乎穿越万年时空，回到祖先们的生活状态的生活——手无寸铁，口无食物，连能饮用的淡水也没有。在这种最原始的生存状态下，还要面临永久的孤独。

一切如何开始？

是的，查克曾想过用自杀来结束自己的痛苦。

他造了一条绳子，爬上山顶想上吊，可在试那条绳子时，因为代替他的木头太重，把树枝折断了。查克觉得自己甚至不能选择自己的死法。在他对什么都无能为力的时候，他却有了种温暖的感觉，那是生命本身的温暖吧？他开始知道，无论如何他一定要活下去，无论如何他一定要继续呼吸，即使已经没有盼望的理由。

就这样，查克开始了艰难的荒岛求生之旅：他搭小窝棚，给自己一个小小的栖身之所；他摘椰子，像祖先那样尝试用各种原始的方法来打开它；他敲打石头，制作简单的石器工具；他捉小鱼、小螃蟹，像祖先那样

《荒岛余生》剧照

茹毛饮血；他钻木取火，手掌磨破，鲜血淋淋……

不管面临什么，他告诉自己：要活着，要呼吸。

片中，查克有句经典台词："谁知道潮水会带来什么？"

正是因为潮水给他带去了一面帆，让他借之造了一个小木筏，开始了海上漂流，最终回到了孟菲斯。

看完影片，人们最大的感受就是：只要希望还在，靠着劳动的魔力，在绝境中也能闯出生路来。

教育要点

1. 是否孤独

这部电影，其实很多人都把主题定位于孤独——查克的孤独、每个人内心的孤独。因为我们每个人的内心都有一座孤岛，人生的很多困境，只能靠自己一个人去面对，去解决。

今天的孩子们，有孤独感吗？

忙于学习，忙于参加各种培训，孩子们的时间和思想似乎都已经被架空。也许孩子连孤独的时间都没有了。这是值得我们反思和改变的。

另一方面，作为大多数都是独生子女的孩子们，也许他们的孤独感是我们这代有着众多兄弟姐妹的人所无法理解的。现在放开了"二孩"政策，也许能填补孩子们的一些孤独空间。但是，在每个人的生命深处，人生都是一场孤独的旅行。

如何面对孤独？这是我们每一个人都必须面对和解决的人生难题。是的，每个人——每一个成人，每一个孩子。

2. 面对孤独

初到孤岛，查克在寻找，寻找让他不孤独的事物。

可是，他寻找到的，除了一些邮包之外，连一只鸟、一只野兽都没有。当他惊喜地发现浮在海面的同事时，他无比兴奋地向他游去……

打捞上来的，却是同事的尸体。

他掩埋了同事，让自己沉溺到无法自拔的孤独里。是的，他毫无办法。他摆脱不了这座小岛，也就无法摆脱孤独的困境。

他不再向外寻找，因为注定将一无所获。这是在告诉我们：你无法向外界去寻求解决孤独这个问题的办法。

查克说："我对什么都无能为力。但就在那时我有了种温暖的感觉。我知道，无论如何……我一定要活下去。无论如何，我一定要继续呼吸，即使已经没有盼望的理由。"正是对外界寻找的彻底绝望，给查克带来了生机。他正视了自己的处境，活下去成了活着的唯一理由，他反而沉静下来了，开始思索如何活下去。

人类劳动的力量，在这个时候显现出了它的伟大。

3．劳动创造了人类

劳动创造了人类。

劳动也能拯救我们。

但是，劳动却没有那么容易。

关键是你如何对待它。

从古人发现到利用钻木取火花了多少年，其实我们已经说不清楚了，只知道那一定是不短的岁月。查克在一次又一次的失败中也想放弃了。

查克无意中用自己的鲜血画出人像的排球，这在查克荒岛生活的漫长日子里起着什么作用呢？它究竟象征着什么？

想起了《指环王》中的咕噜，那个有着分裂人格的可怜人。两个咕噜无时无刻不在进行着对话的情景，总是让人难以忘怀。

查克用鲜血画出人像的排球，象征着查克内心深处的另一个自己。那个有着坚定信念，永不放弃的查克。查克与它的对话，其实是与自己的灵魂在对话。

这是不是说，人越是处在孤独的境地里，越是接近自己的灵魂？

当然，陪伴查克的，还有他女朋友凯莉的相片。如果画着人像的排球是查克灵魂的支撑，那么凯莉就是查克外在的支撑力量。

生活中，我们的"排球"又是什么？谁又是我们生命里的"凯莉"？

《荒岛余生》剧照

这对我们来说，真的非常重要。我们不一定都能马上找到他们，但他们值得我们用毕生的生命去寻找。或许，他们就在我们的生命深处，只是等着我们去发现而已。

有了这样的精神支撑，查克坚持了下来，钻木取火获得了成功。钻木取火为人类的发展翻开了新的一页，也为查克的孤岛求生翻开了新的一页。

看着他吃着香喷喷的烤螃蟹，你能感受到：那种喜悦，是什么也不能代替的。

4．谁知道明天，潮水又能给你带来什么

于是，一晃4年就过去了。

海潮给查克带去了一面帆，给他带去了离开孤岛的可能。查克正是借助它，最终离开了孤岛，回到了孟菲斯。

在时间的长河里，谁知道潮水什么时候会给我们带来什么呢？这是我们无法去掌控的。但是，我们可以等待，因为潮水总会给我们带来些什么。这就是我们人生中的各种机遇吧？等待它，好好地利用它，因为它能给我们带来生命的转机。

查克回来的路上，为什么排球会漂走了？这是否在说回到人群中，我们与自己的灵魂对话的机会就少了，甚至没有了？不管怎么样，我们可以想象，回到孟菲斯后，查克肯定不会像在孤岛上一样，一个人对着那只排球诉说。

回到了孟菲斯，查理的孤独之旅应该就结束了。然而，回到“人间”之后，他发现唯一支撑他的外在力量——凯莉再也不属于他。

失去了“排球”和“凯莉”，查克的生活将如何继续下去？他踏入的是一段新的寻找历程。

我们每个人，也都是这样经历一程又一程。也许生命正是因此而丰富，而有意义。

总之，不管什么时候，都不要放弃生命的旅程。

只要你能劳动，奇迹就一定会发生。

共鸣共行

请你问一问孩子——

如果在某一天，你也将一个人置身在这样的孤岛，你将如何应对？

当你发现你所有的求助都失败之后，你又会怎么办呢？

面对劳动的艰辛，你将如何克服？

如果你真的坚持不下去了，用什么可以拯救自己？

请你问一问自己——

你是否也在这样的“孤岛”上生存过？是什么帮助你走出了困境？

信念、精神支撑、生活的希望……最重要的，我们要用自己的劳动来求取生存。

如果你已经有了这样的经历，那么，今天还有什么会困扰到你？如果你还没有这样的经历，那么，当你面对你的“孤岛”，你又将如何应对，如何救出自己？

相关推荐

推荐影片信息

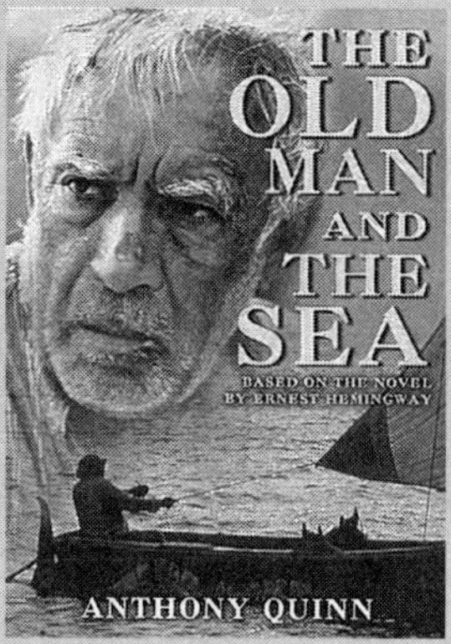

影片名：《老人与海》

导 演：裘德·泰勒

编 剧：厄纳斯特·海明威

主 演：安东尼·奎恩　盖瑞·科尔
派翠西娅·克拉克森

类 型：剧情

制片国家 / 地区：英国

语 言：英语

上映时间：1990年

片 长：93分钟

李西西推荐语

劳动是一种精神，斗争是一种态度，人最大的敌人是自己的软弱。

含泪前行，为欢笑作好准备

——《含泪活着》

导赏：王璟（河南省焦作市解放区学生路小学）

影片信息

影片名：《含泪活着》

导 演：张丽玲

主 演：丁尚彪

类 型：纪录片　家庭

制片国家 / 地区：日本

语 言：日语　普通话　英语

上映时间：2006年

片 长：109分钟

影片赏析

“在连续8年每年有3万人自杀的日本，有这样一位中国人顽强地含泪活着。”这是《含泪活着》片首的一句话。在这部拍摄历时10年，时间横跨15年，辗转中国、日本、美国三地，作品时长近2个小时的纪录片里，《含泪活着》用区别于常规电影的纪实手法讲述了一位父亲为了梦想，为了家庭和孩子，独自一人在异国他乡苦苦打拼15年，饱受着颠沛流离的命运和家人天各一方不能团聚的孤独的动人故事。

1989年的上海，35岁的丁尚彪面临人生的一个重要转折点。他偶然在街头买了一份日语学校的招生简章：首付入学费和半年学费共42万日元（约合人民币3万元）。丁尚彪是“上山下乡知识青年”，连初中学历都没有，他决定赴日留学，改变自己没有文化的人生。为凑足学费，他到处借钱。当年6月，他挥泪告别妻子女儿，只身来到日本。

丁尚彪报名的日语学校偏僻简陋，无法打工，更无法还债。丁尚彪只得选择了离开，因此被入国管理局（相当于中国的出入境管理局）拒绝他延长居留的申请，成了非法居留者，打黑工的生活从此开始了。送女儿去国外一流大学留学，为她留学挣学费，成为丁尚彪新的人生目标。

《含泪活着》剧照

1996年春天，中国留学生张丽玲认识了丁尚彪，那时他已经在日本生活了7年。《含泪活着》从此开始了跟踪拍摄。

影片记录了作为非法居留者的丁尚彪的日常生活。在随时可能被发现、被追究法律责任的恐惧中，他仍然每天打3份工，睡觉都是在后半夜。他住在东京丰岛区一个破旧木板楼二层不到10平方米的房间内，墙上挂着女儿上小学时的照片。

1997年2月，摄制组把在东京拍摄的丁尚彪生活打工场景的录像播放给他在上海的妻子和女儿看，时隔8年看到久别的亲人，母女二人失声痛哭。当年夏天，女儿收到纽约州立大学的入学通知书。前往美国途中需要在日本转机，可以停留24小时，女儿决定去看望父亲。看着父亲艰苦的生活环境，看到墙上挂着自己上小学时的照片，女儿泪流满面……

从此，一家三口分在中、日、美3个国家。直到5年后，母亲的第12次申请签证终获批准。2002年春，母亲与5年前女儿的行程一样，在日本转机，也见到了13年未见的丈夫丁尚彪，然后再前往美国探望女儿。

2004年6月，女儿即将学成回国，丁尚彪认为自己的使命已经完成，决定返回上海。他已在日本度过了15年。

教育要点

1．怀揣希望，不畏艰辛，含泪活下去

在自杀率如此之高的日本，是什么力量支撑丁尚彪忍受着常人无法想

象的思念、艰辛和孤寂，度过15年的“黑人”生涯？是他那颗怀揣不灭希望的心，是他那份坚持不懈的信念，是他那份为家庭寻找幸福的责任，是他那份对亲人隐忍深沉的爱，是他那种中国人所特有的吃苦耐劳的精神……15年的艰辛，透过电影我们也只能看到一点点，但这一点点足以让我们心酸。

许多年轻人可能不理解丁尚彪的做法，但对于他那一代经历了上山下乡的人来说，改变人生是需要一种突破的，这是由时代决定的。故事的主人公丁尚彪，在该读书的时候遇到了“文化大革命”，该工作的时候遇到了“上山下乡”，被送往最贫瘠的安徽农村“学习改造”。虽然在绝望中耗费了青春，但至少收获了爱情，他与妻子一起熬过了那段艰苦的岁月。几年后，带着重生的希望，夫妻俩回到了上海，但没有知识，也没有技术，只能辛苦地活着。眼看自己的一生就要这样度过，他不甘心；面对命运的不公，他努力地抗争，怀着改变自己和家人命运的希望和四处筹来的巨额学费飞往了日本的语言学校。1989年，已经35岁的老丁没有自暴自弃，反而鼓起勇气，不惜背负巨额债务走出国门求学，令人敬佩。让我们不由得惊叹，希望的力量如此之大！希望真是暗夜里的一盏明灯。只要有希望，道路再艰难也能坚持走下去；只要有希望，前途再坎坷也能走出晴天；只要有希望，命运再不公仍要含泪活下去。

在现实中，我们面对生活、学习上的困难，总觉得那是多大的事儿啊！当看到老丁如此艰辛地生活却依然微笑着坚持下来，最后获得幸福，便觉得没有什么是不可能的，尤其是，你在做着一件真正有意义的事情时。

2. 坚定信念，锲而不舍，迈向成功之路

然而，命运再次捉弄了他。生活的窘迫、残酷的现实逼迫他只有放弃继续学习的念头，转而投资女儿，将自己未完成的大学梦传递给了那离别之年还仅仅是小学生的丁琳。他要还债，他要赚钱，他要让女儿上世界最好的大学……

为了女儿，他怀着对美好未来的憧憬，再一次选择坚持，用坚强的信

《含泪活着》剧照

念战胜自己，遥远的梦想有了一个新的开端。他从事着较为底层的工作，他当过厨师，进过工厂，扫过大街……为了不失业，他从未停止学习，考取了多项技术资格证，每天打3份工，工作到深夜，蜗居在狭小的房间里，没有一句怨言，也没有感叹命运的坎坷，更没有放弃过自己的人生。

为了梦想努力打拼，为了家庭无私付出，为了信念坚持不懈，这让我们不由得想起绘本故事《犟龟》里的犟龟——陶陶，在追寻梦想的过程中，它一直坚信自己能成功。凭借它短小却结实的腿，凭借自己坚忍的意志，它克服了多少障碍，经受了多少考验，面对了多少嘲笑，最终实现了自己的愿望——参加狮王的婚礼。它一遍又一遍地说："我会准时赶到的！"是啊，古人说得好："锲而舍之，朽木不折；锲而不舍，金石可镂。"不要轻易放弃，不懈的坚持会使自己离梦想更近。我们可能都是一只爬得很慢的犟龟，但是，只要我们坚持，就能遇到隆重的庆典。

在老丁身上迸发出一股惊人的力量。他一路犟到底，而他的犟并不是无理取闹，而是一种执着的精神。

想想生活中，我们经常遇到困难就选择逃避，在犟得可爱的陶陶面前，在乐观顽强的老丁面前，我们确实该羞愧了。

古人曰："世上无难事，只怕有心人。"正是因为这份坚持，司马迁在饱受身体摧残后，才能写出千古名著《史记》；正是因为这份坚持，李时珍踏遍祖国山川，为后人留下了医学宝典《本草纲目》；正是因为这份坚持，越王勾践卧薪尝胆，励精图治十几年，才能一举踏平吴国成就一番伟业。

3．心理换位，学会感恩，体谅父母之爱

女儿收到纽约州立大学的入学通知书，前往美国途中在日本转机，去看望父亲。这是父女俩分别8年来第一次见面，丁尚彪这样刚强的男人也留下了热泪。老丁叮嘱女儿，到了美国，路会很艰难，遇到困难，挺过来就好了，咬着牙就能坚持下来。老丁的话如此轻松，可这背后要付出多少汗水和泪水啊！在机场前一站，老丁默默地走出车厢，站在站台上，目送女儿离开。没有拥抱的会面，没有寒暄的话语，极力克制自己的情绪，为的是离别时不会让对方那么伤心。老丁心里清楚，女儿心里也明白，在陌生的国度，在飞驰的列车上，独自一人流泪，必须坚强，必须使自己的内心强大起来。相信这一刻我们的内心一定会被父亲的无私付出、女儿的好学懂事所打动。“每月一事”项目中提出让孩子学会感恩，是让孩子学会心理换位，学会体会对方的不易，体谅父母的难处。试想，一个怀着感恩理念的孩子，感受到父母节衣缩食，含辛茹苦供养自己读书，为的是让他成为有用的人过上幸福生活时，他能不努力学习，以优异的成绩报效父母吗？在生活中，我们要学会感恩于心，报恩于行。观看这部电影，让感恩的种子在心中悄悄扎根。

4．辛勤劳作，自立自强，朝向幸福美好

一家三口，分散在三个国家，走着不同的奋斗路，怀着相同的亲情。老丁靠着自己的双手辛勤劳作，默默耕耘，为了改变家庭的命运，苦苦地努力着。这15年耗尽了这个曾经身强体壮的父亲的身体。当体力已不足以为女儿拎并不沉重的行李，当牙齿已经松落到只剩8颗，当头顶的头发已稀疏到只剩一半，一家人含着泪，却依然坚强地活着……

15年后，女儿终于长大了，在美国获得医学博士学位，丁尚彪辛苦的过去终于熬成了幸福的现在以及未来。他用自己的亲身经历，教会女儿自立、自强，靠自己勤劳的双手，怀揣希望，坚持努力，总会收获幸福。教育的意义也在于此，教会孩子承担起必要的劳作，让他们具有起码的生活自理能力，在劳动中学会尊重他人，理解他人，培养良好的劳动习惯，将使他们终身受益。

该纪录片导演兼制片人、摄像张丽玲透露，丁尚彪回国前曾表明自己不想隐瞒非法居留身份，请律师为他申请合法的回国签证。律师了解了他15年非法滞留的经历后说，按日本法律至少要服刑3年，劝他不要自找麻烦。在办理登机手续时，海关人员看到丁尚彪的护照，先是大惊失色，但很快平静下来，然后迅速作出决定：盖章放行，还以举手礼向他表示敬意——丁尚彪在日本每年主动向政府缴税，没有非法行为的记录。遵守规则的最高境界是慎独，即规则在自己的心中。小到游戏，大到外交，规则让我们成为有信用的人、文明的人。丁尚彪以爱的名义完成对责任的担当，这种担当跨越了时代，跨越了国界。

人活着，更多的时候可能是在经受考验，而那些挫折是否令你难过或痛苦，取决于你的内心是否强大，你是否用心在生活，用心在努力。趁年轻的时候多学习，多锻炼，多经历，多接受，多思考，多坚持，那么在未来回忆过去时，才会觉得如此美好。

共鸣共行

请你问一问孩子——

你有没有坚持不懈地去做过一件事？在坚持的过程中有没有遇到过什么困难？面对困难你想过要放弃吗？生活的道路不是一帆风顺的，有过这种念头，是再正常不过的，但是，你要学会克服这种消极情绪。想一想，世界上没有谁能够随随便便地取得成功。不灭的希望、美好的梦想，会支持你克服困难，走向成功。就像影片中的丁尚彪一样，拥有梦想，不断前行，纵然含着泪，仍要活下去！

你在看这部电影的时候，有没有想起身边默默为你付出的父母亲呢？或许他们做的不如丁尚彪那样感人，请你相信他们的爱是一样伟大、无私的，他们都在以爱的名义完成着自己对责任的担当。无论这种爱以什么形式来表现，请你学会心理换位，理解他们，接受他们，亲近他们。终有一天你也会为人父母，体会到父母的良苦用心。

请你问一问自己——

如果你是孩子的父母或是老师，你是否有过把自己未曾实现的梦想强加在孩子身上的情况？现在的父母普遍望子成龙、望女成凤，把自己未曾实现的梦想强加在孩子身上，这样的心理易使家庭教育偏离方向。让孩子被动地去完成你的梦想，于是不断地逼迫孩子读书，报各种补习班，帮孩子选专业，兴趣爱好也是父母说了算，仿佛读书是为父母而读。父母吃苦受累，有时候孩子也不见得领情。你也许完全没有意识到这样的孩子很悲哀。你是你，我是我，每一个人都是独一无二的个体。

看了这部电影，你能否反思一下自己，有没有像老丁那样用自己的实际行动帮孩子树立人生理想，用自己的亲身经历告诉孩子人生就应咬紧牙关，含泪前行？这是为欢笑作出的准备。都说父母是孩子的榜样，没有父母的成长，就没有孩子的成长。

相关推荐

推荐影片信息

影片名：《活着》
导 演：张艺谋
编 剧：余华　芦苇
主 演：葛优　巩俐　姜武　牛犇　郭涛
类 型：家庭
制片国家 / 地区：中国内地　中国香港
语 言：普通话
上映时间：1994 年
片 长：132 分钟

李西西推荐语

永不埋怨命运的不公，顽强与坚韧，永不屈服。

六月份

审美

一颗麻木的心，对美会视而不见。于是，这样的生命既失去了从世界上收获美的机会，也肯定不会创造出美。

一颗敏锐的心，能够从生活中捕捉美，这就为传播美打下了基础，也成为创造美的前提。

如果说，以美装饰我们的生活，以美濡染我们的灵魂，让美的外在与内在完美交融，是永恒的追寻，那么，学会审美，拥有审美的良好习惯，我们的生命就能够绽放出更多的美好。

美是无声的熏陶

——《牧笛》

导赏：李西西（新教育研究院新阅读研究所）

影片信息

影片名：《牧笛》

导 演：特伟　钱家骏

编 剧：特伟

类 型：动画　短片　奇幻

制片国家/地区：中国

语 言：无对白

上映时间：1963年

片 长：20分钟

影片赏析

诚如本片导演特伟所说："这部片子体现的是一种艺术美，一种我们国家特有的传统文化内涵，如一首优美的诗，一曲委婉的词，让人看得见，听得着。"我觉得更为难得的是，本片在充满童趣童心的同时，含蓄又恣肆地展现了这种中国独有的艺术之美。

我们都知道，中国传统水墨画迄今已经有近两千年的历史，已成为中华民族文化身份的一种象征，已成为中国人审美心理的一种最适合、最独特的写照。通常这种艺术形式给我们的固有印象是渺远的、高妙的，所以是难以亲近的。

然而本片却将这种抽象的文化精神美用一个小牧童和他吹奏的笛声完美地展现出来。全片无一句对白，牧童与牛的情感交互，完全通过画面和音乐来表现。

无论是在茂盛的大树上、潺潺的溪流中，还是在雄奇的峰峦上，牧童在画面中行云流水般移动，哪怕是焦急地找牛的情节，都奇妙地给人以恬淡、宁静之感。所有的音乐、画面、人物都融为一体，完美体现了中国传统水墨画的最高境界——淡然中不留形迹地展现最深的功力。

片中那些意境妙不可言的水墨风景，由国画大家方济众绘制。这部总长度20分钟的电影，耗时3年才完成。据说国宝级的山水画大师李可染也参加了本片的制作，免费借出了自己价值不菲的几幅牧牛图挂在摄制组办公室供动画师们参考。当影片完成拍摄时，李可染作为一派宗师，被本片的艺术造诣震惊得久久沉默，竟然未能作出任何评价。

这部影片获得过一些国内外的重大奖项，如1979年丹麦第三届欧登塞国际童话电影节金奖等，和《山水情》并列成为中国水墨动画的双璧。它是一部具有典型中国气派的画片，一部杰作。李可染说过："意境是艺术的灵魂。"《牧笛》就是真正具有中国传统艺术的灵魂。中国水墨山水画，以最简洁的线条传达最深邃而宁静的意蕴，将真、善、美蕴含于无声无色处，这些《牧笛》全都做到了。

然而，就是这样一部艺术瑰宝，已经在时间里蒙尘。试问，现在还有多少人在关注水墨动画？有多少人能重拾这些民族的珍奇呢？

有一种偏见认为，中国缺乏自己的高雅艺术。事实上，我们不但有，而且有很多。比如在动画电影这样的领域里，我们就有《牧笛》这样雅致的作品。

《牧笛》剧照

人的本质是一切社会关系的总和，看到什么，就容易变成什么样的人。如果我们的孩子置身的社会关系能接触到《战争与和平》《牧笛》这样的高品位、高格调的文化，那么我们的孩子又怎么会变成一个粗鄙的、不懂审美的人呢？

教育要点

这部20分钟的电影，是一部具有典型东方意蕴的中国田园诗，值得成人和孩子共同用心品味。

1. 美需要静心细品

从美育的角度而言，它的每一帧都是一幅精彩的图画，只需要静心细品，无须多言。正如苏联电影大师塔可夫斯基曾经说过的那样："从小我母亲就让我看《战争与和平》，从此《战争与和平》就成为我品位的标准，我再也不能忍受那些垃圾了。"和《战争与和平》一样，《牧笛》作为一部纯粹的艺术动画片，也是有着一样高雅的品位、高明的表达，整部影片除了音乐之外没有一句对白，完全依靠艺术的优美意境打动观众。

许多父母认为孩子还小，不懂欣赏。其实，所谓孩子的不懂，只是孩子无法像成人一样用语言准确描述出来。美是一种无声的熏陶，孩子长期耳濡目染接触到的事物，将绘就孩子心灵的底色。孩子在年幼时真正遭遇的，都会在漫长的成长中酝酿、发酵，最后以某种形式绽放。

2. 水墨技艺的发展演变

当然，借助电影激发的兴趣，我们还可以趁机进行一些知识普及。比如水墨画，这种由水和墨通过不同浓度调配而产生丰富效果的绘画艺术，是中国画的代表。最基本的水墨画，只有黑白两色，就完全靠不同浓度表现的灰度，在无限凝练中表现出大千世界。后来发展出了彩色墨水，就进一步演绎为彩墨画，如工笔花鸟画等等。

3. "工匠精神"成就艺术经典

这部动画片里的每一个人物或动物，都需要分层上色，才能体现出如此简洁却又细腻、抽象却又真实的效果。比如一个人，在不同部位需要用不同颜色表现，一般都会分为四五种颜色，也就是说需要把颜色分别涂在

《牧笛》剧照

四五张专用的透明塑料片上，最后合成。这种繁杂的工艺，导致花在这一部动画片上的时间，足够用于拍摄四五部同样长度的动画片。但也正是这部精益求精的追求，才成就了这部经得起时间淘洗的经典。

共鸣共行

请你问一问孩子——

俗话说："日有所思，夜有所梦。"放牛的牧童心里惦记着牛，哪怕睡着了也在梦里担心牛跑了。你还记得什么让你印象深刻的梦吗？

牧童和水牛，就是两个亲密无间的小伙伴。你有这样的动物朋友吗？你和它之间有怎样的故事呢？

大自然是美丽的。但是，体验大自然的美丽，也需要一双能够发现美的眼睛、一颗能够感受到美的心。即使你没有生活在田园中，都市也有不同的美景。你发现过哪些美丽的景色呢？你有着静静观察周围事物的习惯吗？

请你问一问自己——

灵性是需要润泽与呵护的。大自然就是这样一位启迪灵性、孕育灵性的保姆。但是，你带着孩子真正走进过大自然吗？你给过孩子像牧童一样的时间和空间吗？当你带着孩子旅游时，你是脚步匆匆，疲于奔命，还是能够静心真正融入其中？

同时，眼见还需心见。你是否有足够的文化积累，或者做好了充分的准备，对周围的人与事之美，对旅行中的景与情之美，懂得发现，懂得欣赏？即使之前有所欠缺也不要紧，没有任何人是完美的。和孩子共同成长，与孩子互相学习，才是好老师与好父母的标准。

相关推荐

推荐影片信息

影片名：《音乐之声》
导 演：罗伯特・怀斯
编 剧：恩斯特・莱赫曼
主 演：朱莉・安德鲁斯　克里斯托弗・普卢默
埃琳诺・帕克　理查德・海顿　佩吉・伍德等
类 型：爱情　歌舞　家庭　传记
制片国家 / 地区：美国
语 言：英语
上映时间：1965 年
片 长：174 分钟

李西西推荐语

在如诗如画的大自然里尽情歌唱吧，丑陋与邪恶将在美面前低下它不可一世的头颅！

用脚舞出生命的意义

——《快乐的大脚》

导赏：李秀云（内蒙古赤峰市宁城县天义第三实验小学）

影片信息

影片名：《快乐的大脚》
导 演：乔治·米勒
编 剧：乔治·米勒
类 型：儿童　冒险
主 演：伊利亚·伍德
布莱特妮·墨菲
休·杰克曼
制片国家/地区：澳大利亚　美国
语 言：英语
上映时间：2007年
片 长：102分钟

影片赏析

在冰天雪地的南极深处，在以唱歌为生的帝企鹅家族里，小帝企鹅曼波的出生很特别，他双脚先蹬破蛋壳并不停地跑动。他羽翼不丰，永远是一副幼年时灰色的毛茸茸的模样。模样的与众不同倒也罢了，更要命的是——他完全不会唱歌，五音不全，声音沙哑，只会忘情地跳舞。他被同族企鹅视作异类。

不会唱歌的曼波受到同伴的讥笑、老师的排挤、族群的歧视，他是同伴中最后的那一个。

难能可贵的是，他在自我成长的空间里，一直享受着舞蹈带给自己的快乐。在毕业典礼上，他是第一个跳入大海的勇士，却依然因屡次破坏晚会会场的气氛而被孤立。

他被一只海豹追赶着逃到了一片新的领域，遇到了一群阿德兰企鹅，他的舞蹈天赋在这里得到了充分肯定。

在情歌派对上，曼波和新朋友以快乐大脚使整个派对的气氛达到了高潮，却遭到了首领的反对。首领认为曼波是邪恶的，正是因为他才造成了食物的短缺。

为了找出食物短缺的真正原因，也为了向族类证明自己的大脚和舞蹈是对快乐的追求，曼波和朋友们踏上了漫漫征程。

他们翻山越岭，长途跋涉，来到了人类的领地。在这里，曼波看到了人类捕杀鱼群，鲸鱼身上伤痕累累，终于知道原来人类的过度捕杀才是导致企鹅遭遇饥荒的原因。

他决定与人类交涉，请求人类归还食物。在历尽艰辛后却被抓进了动物园。就在他要放弃希望的时候，一个小女孩轻敲企鹅馆玻璃窗的动作，让曼波跳起欢快的舞蹈。

人们终于注意到了这只企鹅，并跟随他来到了南极，发现了帝企鹅的族群，把曼波带领他们跳的舞蹈播放给了全世界。

于是环保人士开始注意到人类的过度捕捞影响了企鹅的食物链，经过很多的争论，最终限制了捕捞，企鹅们终于有了充足的食物。快乐的大脚曼波终于也有了属于自己的爱和天地。

这是一个充满艰辛、快乐却又蕴含人生哲理的成长故事。企鹅曼波用自己独特的舞步证明自己的存在，用实际行动告诉那些和他一样被称为异类的企鹅们，努力做自己，就会活出不一样的人生。

教育要点

对父母而言，孩子是他们一生的杰作。每个生命的诞生都是与众不同、独一无二的。他既是个体基因的传递，又是种群生命的延续。因此，毫无疑问，做父母的会把子女当作自己一生最珍贵的艺术品来精心呵护。而面对这个活生生的生命个体，无论老师还是父母，需要的都不仅仅是教育，更是审美。因为面对孩子，不论是身体的残疾、外形的丑陋，还是精神的残障，也不论人生有多么的坎坷，都是无法替代、弥足珍贵的。对照影片里的世界，企鹅曼波的成长遭遇足以带给我们深刻的启迪。

在我们身边或学校里，经常看到这样一类孩子，他们在小学一年级或更早时就与众不同，好动，坐不住，超常规，不能按老师的要求去做，他们有的学不会语文、数学，甚至从小就被老师认定为“差生”，也因此不受老师和同学的喜欢，被排斥在外。而这些孩子离开学校之后，有很多人靠自己的能力让家庭温馨富足，个人的成长也和在学校时判若两人。究竟是什么原因导致了这样的反差？

多元智能理论告诉我们，每个人都有自己的智能强项和独特的学习方式。他们因语言、数学逻辑、音乐、身体运动、空间、人际关系、自我认识和自然探索智能的不同，而形成个体差异。

1. 倾听内心的声音，坚持做自己

在影片里，曼波生来就会跳踢踏舞，却因不会唱歌而被同类鄙视。在企鹅小学里，老师没教会他唱歌，企鹅天后也没教会他唱歌，以至于一直没有失败过的天后因此悲痛得哭天喊地，就连要吃他的贼鸥都骂他是怪胎。因为学不会唱歌，他想离开学校，却遭到父亲的拒绝。整齐划一的评价方式，让他只好强忍着跳舞的欲望，站在教室后面，被老师遗忘和冷落。

但他却仍然在自己开辟的空间里一个人快乐地跳舞，他非常享受一个人跳踢踏舞的感觉。当老师和父母一遍遍告诉他，企鹅应该把自己的心声歌唱出来的时候，他对父母说，对他而言，心灵的声音就是双脚的舞蹈……

正是因为可以听到与众不同的心声，所以，曼波有勇气面对自己饱受嘲笑讥讽的人生，有勇气对家族中的权威提出不同意见，有勇气追求爱情，有勇气独自面对人类带来的种种未知的困难。甚至，当他被关在水族馆里，他也在用企鹅的语言不停地要求人类停止捕获南极鱼类，直到嗓子完全嘶哑……坚持做自己，让他成为一只特立独行的企鹅。

2. 从新艺术教育的视角出发，学会坚韧、执着

伏尔泰认为，生命首先是个体的生命即每个活生生的人。我们的思维独立，有自己的想象空间；我们的价值观独立，有自己追求的东西；我们的本质独立，区别于别的个体。生命的意义在哪儿？在于作为个体的我们寻找生活中的自我。因此，关注个体生命的成长和张扬应该是每个教育工作者义不容辞的天职和使命。

新教育的艺术教育，把根本目标指向“过一种幸福完整的教育生活”，并且提出，只有通过成功的艺术教育，一个人才能幸福完整。让生活幸福完整，本身是一种生活的艺术；让生命价值永恒，本身是一种存在的艺术。实现二者，也就实现了人生的最高境界。

新艺术教育主张从尊重每一个生命出发，因人而异，因材施教，让师生既能享受艺术精神这一共同阳光的普照，又能感受不同门类的艺术这一雨露的滋养，各尽其能，各显其能，直至生命花开。

有人说，艺术是人类看待世界的第三只眼。人们一旦学会了用艺术的眼睛去看待世界，也就会自然而然地用这只眼睛观察日常生活，反观自我成长，从而在心灵上发现自我，在精神上获得丰盈，在生命上感受意义，在人生中活得从容。

在影片中，因为只会跳舞，长老们最终把鱼类消失的原因归咎于曼波，并将其赶出家族。然而，就在被赶出家族时，曼波还不忘对长老说：“等我查明鱼荒的原因……就会回来！”

朝向这个既定目标，他和伙伴们不顾海象的恐吓、虎鲸的袭击，历经千难万险，终于和人类的捕捞渔船相遇。得知是人类过度捕杀造成鱼荒的真相后，曼波又义无反顾地追踪人类的渔船来到城市。在可以吃到鱼的企鹅馆，他仍然没有放弃为家人和族人寻找鱼的梦想，并以独特的踢踏舞姿吸引更多人的注意，从而被放归回到南极，并引发了一场“要不要拯救企鹅”的大讨论。最终爱护动物的人们占据了优势，帝企鹅王国中的鱼荒问题终于得到解决。

影片中曼波的坚韧与执着，朝向既定目标不抛弃、不放弃的劲头，又怎能不让观者为之感动呢？如果让孩子多看看类似本片一样真挚美好的电影，就能够让这种精神得到更深入、更持久、更彻底的弘扬。

3. 用脚唱响生命的意义，只因遇到生命成长中的重要他人

而影片之所以以“快乐的大脚”为题，很显然，快乐在电影中的教育意义不可忽视。

面对妈妈的呵护——“他有点与众不同又怎样？我还蛮喜欢他与众不同的！”“我儿子为什么不能毕业？他又没有伤害别人……来，儿子，让我们举行自己的小小毕业典礼！”——曼波是快乐的；面对女友葛莉亚在诸多场合对自己的极力维护、朋友阿德兰企鹅在自己最孤独无助时温暖的陪伴，以及爸爸反思之后的真诚道歉与改变，曼波是幸福的。正是因为这些人的鼓励与陪伴，让同族眼中另类与邪恶的曼波无论身处怎样的恶劣环境，都没有丢失快乐，没有停止舞步。

也正是因为这些人温暖的陪伴，影片中出现了“在水族馆的玻璃罩子里，曼波麻木地接住管理员抛下的鱼。他忽然产生了幻觉，看到了妈妈和恋人、朋友正在挨饿。于是，他喊着妈妈和恋人的名字，把鱼一遍遍抛向他们。鱼却被玻璃一次次地弹回来”这感人至深的场面。也正是因为这些人的温暖陪伴，才在影片的最后，出现整个帝企鹅王国共同起舞的宏大场面，并由此唤醒大肆捕杀鱼群的人类改变对南极的开发计划，成功拯救了已经濒临种族灭绝的帝企鹅家族，曼波成为种族英雄。

由此可见，对孩子而言，不论是做家长的还是做老师的，都应该不放弃、不抛弃每一个孩子。做孩子生命成长中的重要他人，这是父母、老师的神圣使命，更是义不容辞的责任。

《快乐的大脚》剧照

共鸣共行

请你问一问孩子——

你有没有因为自己外貌、思维方式以及性格的与众不同，而沮丧、难过、讨厌自己，甚至生气呢？这种感觉在成长的过程中每个人都会有。不过，要想快乐，还是必须尽快离开这些不良情绪。请你重新审视自己，明白正是这些不同的特质才让你的生命拥有了独一无二的价值和意义，从而悦纳自己，赏识自己，善待自己，进而善待他人，善待生命。

你在看这部电影的时候，是否也会想到自己的同伴、父母和那些不经意间曾经伤害过你的人呢？请相信，成长的路上，正是因为这些人的出现和陪伴，才让你的生命更有意义！虽然伤害你的人让你经历了痛苦、委屈、磨难，但这些人也同时赋予你坚强、执着、智慧、成长。如果你能将人生的痛苦当作一种审美现象进行观照，将这些人生历练当作一种难得的财富加以咀嚼和收藏，就能够在人生的风浪中变得成熟。或许这样的人生才算真正有意义，能够做到这些的人才算真正活过。所以，请你在遇到困难时，也要像帝企鹅曼波那样乐观、豁达。坚持做自己，就一定会有不一样的人生。

请你问一问自己——

如果你是孩子的父母或者老师，你是否也曾对孩子的自身缺陷有过嫌弃、失落、横加指责甚至冷漠对待呢？你是否也曾在孩子无所适从时恶语相向，完全没有考虑孩子的心理感受呢？你是否也觉得对于一些天赋异禀的孩子，我们应当尊重其独特的生活方式，少些是非高低的评价，多些理解和包容呢？希望看了这部电影，你能反思自己，像曼波的妈妈一样，呵护、关照孩子的内心，细心去发现孩子的特点，为孩子做自己擅长的事情创造条件。

相关推荐

推荐影片信息

影片名：《地球上的星星》
导 演：阿米尔·汗　阿莫尔·古普特
编 剧：阿莫尔·古普特
主 演：达席尔·萨法瑞　阿米尔·汗　塔奈·切赫达　萨谢·英吉尼尔　蒂丝卡·乔普拉等
类 型：家庭　儿童
制片国家/地区：印度
语 言：印地语　英语
上映时间：2007年
片 长：165分钟

李西西推荐语

他的小脑袋瓜里充满不可思议的色彩和事物——鱼儿、小狗、风筝、大海和太空，它们终将冲破成年人的偏见与世俗的藩篱，向所有人宣告自己的美丽。

天马行空的欢笑之旅

——《毕加索的奇异路程》

导赏：宋磊（山东省滨州市邹平县梁邹小学）

影片信息

影片名：《毕加索的奇异路程》

导 演：泰治·丹尼尔森

编 剧：汉斯·艾尔佛森

主 演：格斯塔·埃克曼
莉娜·奥琳

类 型：喜剧

制片国家/地区：瑞典

语 言：瑞典语

上映时间：1978年

片 长：109分钟

影片赏析

毕加索的一生，如他的画作一样，色彩缤纷，但也有些诡异。

1881年，巴勃罗·路易斯·毕加索生于西班牙马拉加。他的父亲何塞热爱绘画，并早早发现了毕加索身上的艺术才华，于是年轻的毕加索被送到马德里学习。他优异的画作令父亲兴奋过度，上演了一出死而复生的剧目。

1899年，毕加索赴巴黎求学，陷入了长期拮据的生活，直到何塞来到巴黎，施计将立体派作品卖给美国名作家斯坦恩。毕加索以此为契机，进入了当时法国文艺界的视野。他参观了卢梭世外桃源般的花园，与街头的工人打成一片，也被美国的古根海姆夫人长期骚扰，一连串光怪陆离的经历后，毕加索卷入了纳粹对欧洲的侵略，战争令他对于人生和艺术产生了新的体会……

20世纪50年代，他移居里维埃拉，经过长时间的心灵探索以及看透了当时周围凶残的商业诈骗，他决定隐居。随之，毕加索的签名也在他的画上消失了。毕加索真的垮了，艺术品收藏家们因此一个个跳下摩天大楼，他们落在人行道上的声音震动了世界。

毕加索消失了——但他是不朽的。

本片导演或许有意为之——用无厘头喜剧的风格演绎了毕加索的一生。电影最大的看点是无厘头、天马行空的想象。横着走的汽车，卢梭拉着小提琴飞上天空，海明威织毛衣，还有希特勒和丘吉尔为了画画在街上掐架等等，这些情节也如毕加索的画作一样，奇特而诡异，让你忍俊不禁，又让你能够品出别样的味道。

毕加索到底是怎样的？立体艺术到底是怎样的？你或许会自此了然，也或许会更迷茫。但趁年轻的时候多尝试吧！

你会拥有怎样的可能，只有去做了才会知道。

教育要点

这部电影一个很大的特点就是无厘头，就是滑稽、搞笑。很多人在看这部电影的时候都会捧腹大笑，为电影中的滑稽情节而笑，为电影中独特而大胆的想象而笑。

笑过之后，我们应该思考：这部电影以及毕加索的人生对我们的教育会有什么值得借鉴的意义呢？

1. 发现孩子的天赋

每一个孩子都有天赋，而这些天赋能否被发现、被挖掘，很多时候取决于家长以及老师的态度。例如，对于孩子们天马行空的想象，很多时候我们都会把它们理解为孩子的胡思乱想，更多时候是持否定态度。故事中，毕加索爸爸的形象一直贯穿始终，很多时候，他都是在利用毕加索的画和名来赚取利益，他的形象不像很多名家的父亲的形象一样高尚而伟大。但毕加索的父亲以及故事开始时出现的他的母亲对毕加索可谓是非常认可，甚至是崇拜的。而这种近乎崇拜的认可，无疑是孩子去不断追求卓越的源源动力。

毕加索在很小的时候就显示出了很高的艺术天分，故事中用一个很奇妙的细节来展示，那就是还不会走的毕加索用面捏出爸爸的形象。他的父亲发现儿子的艺术天分之后，果断送他到马德里学习。虽然在马德里只是短暂的学习，最终以毕加索的厌烦而告终，但是，如果没有父亲这样果断的支持，毕加索的艺术之路就不可能这么顺畅。

在我们生活中，实际上也有很多的“毕加索”，但是，家长不是顺应孩子的天赋去帮助孩子发展，而是带着功利性的目的去要求孩子学习这个，学习那个。望子成龙、望女成凤心切，在孩子很小的时候就盲目地为孩子报各种各样所谓的兴趣班。但那真是孩子的兴趣吗？不一定，大部分是家长自己的兴趣罢了！他们根本不去了解孩子对什么感兴趣，更不用说培养孩子的兴趣了！最后的结果大家都看得到，那些孩子不是变得逆反心理很强就是变得很听话，天天做着父母安排好的事，成为只会考试不会生活、不会做人的“高才生”！难道这不是一种悲哀吗？

2. 天才也需要努力

毕加索早年没有出名之前，穷困潦倒，一个当画画素材的苹果都不舍得吃。但是他并没有放弃对艺术的追求，而是执着地坚持、再坚持。直到他父亲在偶然的一次画展上，用特殊的方式卖出了他的第一幅作品，这才使得他一举成名，从此一发不可收拾，成为一位著名的多产立体画艺术大师，生活也从此得到了极大的改善。这也告诉那些追求梦想的年轻人，任何人，包括像毕加索这样天才的艺术家，都是从困难中挺过来的，从坚持中站起来的。我们没有理由去惧怕困难，没有理由不去坚持。

3. 天才需要创新

说到立体画，毕加索可谓是创始人。他标新立异，勇于创新，创作出

《毕加索的奇异路程》剧照

立体画。虽然刚开始不被世人接受，但后来终究被奉为珍宝，现在他的大多数画作都已经成了无价之宝。他的画作之所以名贵在于他的创新。而我们现在的孩子在家庭和学校的要求下，那种创新精神被扼杀了。一个标准，一个框框，塑造出的更多是不敢“出格”的孩子。教育是什么？是自由，让孩子有一个更加自由的精神世界和成长世界；是追求，去实现更加卓越的自己。

共鸣共行

请你问一问孩子——

你有没有自己的梦想？这个梦想或许还很遥远，但却是你真正热爱的。你有没有追问自己，你为这个梦想做了什么？你是否能够像电影中的毕加索一样，为自己的梦想坚持，坚持，再坚持，即使饿得要命，也不舍得去啃那当作“静物的苹果”？这苹果就是你的梦想，“啃”就意味着退缩，意味着放弃。

理想不是随口说说，它需要夜以继日地去为之而行走。

请你问一问自己——

如果你是孩子的父母或者老师，你是否也曾发现过孩子天才般的想象？你是否对之不屑一顾，甚至讽刺打压呢？孩子天马行空般的想象是难得的艺术创作的启蒙，家长们要好好地保护孩子艺术的禀赋，为他们的艺术活动创造一切机会。孩子们创造作品在乎的不是最后的结果，而是创作的过程，享受的是当下的快乐，他们最需要的是家人的欣赏和肯定。我们要大胆地肯定孩子们超越常规的想象，鼓励他们顺着内心的激情涌动，创作出天真无邪的作品，这就是最美好的艺术品。珍视孩子的天赋，珍视孩子的兴趣，让孩子真正成长为最好的自己而不是成为家长所希望的样子。

相关推荐

推荐影片信息

影片名：《探戈》
导 演： 卡洛斯·绍拉
编 剧： 卡洛斯·绍拉
主 演： 米格尔·安吉尔·索拉
塞西利娅·纳罗瓦
米娅·梅斯特罗
胡安·卡洛斯·科佩斯
卡洛斯·里瓦罗拉等
类 型： 歌舞
制片国家 / 地区： 西班牙　阿根廷
语 言： 西班牙语
上映时间： 1998年
片 长： 115分钟

李西西推荐语

登峰造极，令人窒息的舞蹈。

不要轻易看这部电影，除非你确认自己有能力抵抗美对你心灵的巨大震撼。

精彩瞬间

七月份

健身

人们越来越习惯于说，健康是1，其他是0。

的确，没有了健康的1，后面的0都将成空。管理好自己的身体，为经营美好的人生奠基。

不仅如此，大量的科学研究还证明，身和心密不可分。

通过运动，不仅锻炼了身体，还能强化意志。身体的健壮，更容易锻造精神的健全。

一条少有人走的路

——《滑冰鞋的约定》

导赏：张秀明（福建省福州市闽清县东桥镇北洋小学）

影片信息

影片名：《滑冰鞋的约定》
导 演： 麻生学
编 剧： 镰田敏夫
主 演： 安田成美　别所哲也　本田望结　小芝风花　浅田舞
类 型： 家庭　儿童　运动
制片国家/地区： 日本
语 言： 日语
上映时间： 2013年
片 长： 92分钟

影片赏析

花样滑冰运动员里美退役后将自己的梦想寄托在大女儿叶子身上，逼迫女儿进行艰苦的训练，逼迫女儿节食，就在叶子爱上滑冰并希望成为前途无量的明日新星时，一场突如其来的车祸，令叶子的世界变得一片黑暗，她不得不告别心爱的滑冰场。这一变故令里美和丈夫耕一备受打击，里美更是深深自责，感觉是自己害了女儿，而叶子却从未放弃活下去的动力和热情，依然乐观，很快学会了自理生活，不顾父母的反对参加了引退仪式。叶子的妹妹纱绫，小小年纪就有一颗善良美丽的心，希望帮助姐姐实现登上奥运舞台的梦想，所以学起了滑冰。教练发现纱绫极具滑冰才能，精心培养下，令纱绫也深深地爱上了滑冰。里美和耕一想尽一切办法阻止纱绫学花样滑冰，倔强的纱绫却坚持自己的梦想，丝毫没有动摇自己的信念。在选拔赛时，纱绫在洁白的冰面上，如水鸥一般轻巧滑过，完美地完成了三周半旋转，获得了第一名的好成绩。里美看见小女儿出色的表

《滑冰鞋的约定》剧照

演，被深深地感动了，不再阻挠女儿的梦想，默默地看着女儿越走越远。

这是一个非常现实的故事，是选择做一个平凡的常人，走一条安稳的道路；还是选择一条少有人走的路，做一个孤独的人，答案在每个人自己的心中。

教育要点

1. 微笑的背后是汗水

我们只看到运动健儿登上领奖台的辉煌时刻，很少有人会看到运动健儿刻苦训练、受伤流汗的漫长历程，也没有多少人会关注运动健儿的家人无私的付出。这些运动健儿从三五岁时就要接受常人难以忍受的艰苦训练，这个时候，别的孩子还要父母穿衣喂饭，可以躺在父母怀里撒娇，而他们却不能随便吃、不能随便玩，他们的父母需要承受与孩子分离的痛苦。从某种意义上来说，他们的孩子不属于他们，而属于教练，属于国家。他们需要作出不同寻常的选择，当孩子寻找不同寻常的人生时，父母就要选择不一样的担心、不一样的担当、不一样的守护。

2. 我的人生不是只有滑冰

《滑冰鞋的约定》非常现实地呈现了这样的选择，讲述了一个有关运动员坚持美丽梦想的故事。

影片一开始，是叶子一家幸福生活的画面：耕一继承了父亲的店铺，生意兴隆；叶子继承了妈妈的梦想，勤奋地练习滑冰并得到教练的肯定；妹妹纱绫画画非常出色，她的理想是成为一名画家……这是许多人理想中的现实生活，有梦想、有憧憬、快快乐乐。可是现实是残酷的，很少人的一生能够一帆风顺，叶子出车祸导致双目失明，妈妈的梦想破灭了，感觉天塌了，认为是自己害了女儿，整天愁眉苦脸。

令人惊奇的是，叶子对生活并没有失去信心，没有像其他人一样大哭大闹，没有抱怨生活是多么不公平，没有轻生的念头。她脸上的笑容依旧灿烂，她反过来安慰沮丧的父母："我的人生不是只有滑冰。"人民教育家陶行知先生说："人人都说小孩小，谁知人小心不小。你若小看小孩子，便比小孩还要小。"确实是这样，孩子很多时候是大人学习的榜样，他们的身上有很多品质值得成人好好学习。如果叶子也像妈妈一样陷入低谷，那这一家子的生活就会整日笼罩在阴暗之中，就会再也看不见灿烂的阳光。在影片最后，叶子告诉妈妈："没有什么可苦恼的，要在黑夜里仰望星空。"孩子需要成长，父母也需要成长，在这部影片中里美和耕一比孩子成长了更多。

3. 我想！不是你想

令人感动的是，竹井教练比里美更了解孩子，她希望叶子参加引退仪式，给自己的滑冰生涯留下最美的记忆。她对持反对意见的里美说："叶子对滑冰场的每一个角落都了如指掌，把每一个角落都牢记在心。""叶子站在滑冰场中间的时候，并不是为了鲜花和掌声，她在表达着：'我想滑冰。'"竹井教练说道。这句话需要被牢牢记住，这个词需要被牢牢记住——"我想"！是"我想"，不是"妈妈想"，不是别人想，这是我的梦想，与别人无关。竹井教练懂得叶子的梦想，叶子的妈妈却不懂，所以才会极力反对纱绫滑冰。许许多多的父母，许许多多的教育者，不但没有在孩子纯净的心田植入一个美丽的梦想，反而自以为是地破坏了孩子好不容易拥有的梦想。他们被世俗的功利心同化了，异质了，然后自以为是地把自己的想法强加给孩子。在人生的道路上，如果能遇见竹井这样的导师，是非常幸运的，她是指路灯、是导航仪、是风向标。竹井也是个有坚定信念的人，纱绫父母的一再恳求并没有动摇她的决心，她知道一个教练的职责就是发现人才，让人才尽可能发挥作用，帮助人才走向远方。观众，尤其是有梦想的人，需要对竹井深深鞠一躬，她这样说道：

“我看到的不是纱绫代替叶子滑冰，而是享受。”

“我要让我的手带孩子去到能去的地方。”

4. 孩子只是借你们而来

很多父母总想让孩子按照自己的意愿活着，或者总喜欢给孩子安排一切，以为这才是爱孩子，而竹井是想让每个生命如其所是。纪伯伦说：

你们的孩子并不是你们的孩子。

他们是生命对自身的渴求的儿女。

他们借你们而来，却不是因你们而来。

尽管他们在你们的身边，却并不属于你们。

你们可以把你们的爱给予他们，却不能给予思想，

因为他们有自己的思想。

你们可以建造房舍荫蔽他们的身体，但不是他们的心灵，

因为他们的心灵栖息于明日之屋，即使在梦中，你们也无缘造访。

你们可努力仿效他们，却不可企图让他们像你们。

因为生命不会倒行，也不会滞留于往昔。

如果能领悟到纪伯伦的《论孩子》的真谛，就不会像叶子妈妈一样纠结，一样痛苦，只会为孩子找到梦想而欢欣鼓舞，只会默默祝福孩子前行，只会不断鼓励孩子坚持不懈。这是竹井教练留给我们的思考。

5. 不能亲自抓住的梦想只是空想

遭遇不幸却对生活依然乐观冷静的叶子带给成人许多思考，小小年纪的纱绫更给成人带来许多启迪。纱绫那双通彻透亮的眼睛，写满了纯净透明，面对妈妈的苦苦哀求，听到爸爸的苦苦劝说，最后就连姐姐也出来阻

挠，好强的纱绫始终没有放弃，最初是为了实现姐姐的梦想，后来不可遏制地爱上了滑冰。叶子受伤后，妈妈觉得只要做一个普通的人，只要过普通的生活，没必要走一条与众不同的孤独的道路，她觉得当个画家才安全、安逸，花样滑冰是危险的、冒险的；爸爸是个棒球运动员，也从自己身上得到启发，觉得能登上冠军奖台的人只有一两个，比自己强的人有很多，而那种不上不下的生活会令人惶恐、令人窒息，他觉得花样滑冰的世界是孤独的。既然这样，不如趁早退出。对于里美和耕一来说，现实生活击垮了他们的信心，敲碎了他们的梦想，他们屈服于现实，希望过一种安安稳稳的日子。

纱绫呢？纱绫是怎么想的、怎么做的呢？当纱绫喜欢上滑冰后，知道了这是自己一生的梦想、美丽的梦想，她在滑冰中找到了快乐，她和滑冰鞋有了一个美丽的约定：成为冠军！因为这个约定，她的信念更坚定了，妈妈的害怕没有干扰到她，爸爸苦口婆心的劝说没有阻碍她，教练的保守做法没有动摇她，她倔强地挑战了三周半旋转并且成功了，她告诉众人："不能亲自抓住的梦想只是空想。"她那双通彻善良的眼睛照亮了成人被遮

《滑冰鞋的约定》剧照

蔽的心灵世界。我们需要对纱绫说一声谢谢，谢谢她让我们懂得：有了梦想，不管多辛苦都会乐在其中，不管多辛苦都不要轻易放弃！

改变最大的人不是叶子，也不是纱绫，而是里美和耕一。耕一把里美扛在肩上的画面真美，他说的话也很美："没有什么普通不普通，没有什么幸不幸，孩子的幸福不是父母的命令。"运动健儿的生涯有多孤独，梦想就有多美丽！

走一条少有人走的路，看似孤独，看似没有鲜花，但也只有穿越孤独、战胜纷扰，才会迎来巅峰体验的时刻。

共鸣共行

请你问一问孩子——

当和父母的意见发生分歧时，你会怎么做？这是成长过程中必然会遇到的事情。你可以选择和父母好好商量，也可以用自己的行动向父母证明自己的选择是正确的。如果与父母无法沟通或无法从父母那里得到答案，你可以问问朋友、问问老师、问问与你有同样梦想的人。

什么是真正的人生遗憾？是没有得第一，是没有赚到很多钱，还是没有进名牌大学呢？真正的人生遗憾是不知道自己的梦想是什么，或者是根本就没有梦想，不知道梦想为何物；真正的人生遗憾是有了梦想却被一些浮躁的喧哗声干扰了，被现实的生活绊住了，被功利心驱使了。

请你问一问自己——

你把自己的意愿强加给孩子了吗？我们总认为自己是对的，理由就是我们是大人，我们懂得多，小孩子什么都不懂。我们认为高大上的生活就是：有身份、有地位、有车子、有房子……我们潜意识中总认为农村生活不如城市生活，扫大街的不如卖馒头的，卖馒头的不如开超市的，开超市的不如开公司的……我们不需要竭力去改变世俗的观念，我们只要改变自己的内心即可，自己的内心丰盈了，就能体会整个世界的美好。

作为教师，作为父母，我们需要扪心自问："我们了解孩子吗？我们理解孩子吗？我们知道孩子的梦想吗？"要教育孩子，必须要了解孩子，要善于从各方面了解孩子，理解孩子，这是教育的前提。我们还要学会信任孩子，发掘孩子身上的每一个向上的闪光点。信任孩子是教育的基本原则，它能促使孩子克服困难，获得成功的体验。

如果可以，我们要像孩子一样拥有一颗美丽的心灵，和孩子一起种植一个美丽的梦想，再和孩子一起许下一个美丽的约定，最后和孩子一起拥抱美丽的明天。

相关推荐

推荐影片信息

影片名：《动物运动会》

主 演：约翰·莫特森　乔纳森·皮尔斯

制片国家/地区：英国

语 言：英语

上映时间：2004年

李西西推荐语

来异想天开又有科学依据的动物运动会见识一下其他生物在人类运动场上的奇妙力量吧！

让运动改变孩子的人生

——《马拉松》

导赏：姜蕾（山东省诸城市府前街小学）

影片信息

影片名：《马拉松》
导 演： 郑允哲
编 剧： 郑允哲　尹镇浩　宋艺珍
主 演： 曹承佑　金美淑　李基荣
类 型： 励志
制片国家 / 地区： 韩国
语 言： 韩语
上映时间： 2005年
片 长： 117分钟

影片赏析

喜欢斑马和巧克力的初原，从外表看起来和同龄人没什么两样，是个可爱、招人喜欢的孩子。有一天初原被诊断出患上自闭症，妈妈庆淑听到这个消息后晕了过去。之后，妈妈发现初原在跑步上有着超乎常人的天赋。为了减少病症对孩子的影响，她投入大量心血，请了教练训练儿子跑步，希望自己的儿子至少在跑步的时候不会输给别人。抱着这种希望，她开始训练儿子，希望他能在真正的马拉松比赛中跑完全程。

随着时光的推移，初原长成了19岁的小伙子，但是他的智力仍停留在5岁孩子的水平上。他会把弟弟当成老师般尊敬，一听见音乐就不分场合、地点的手舞足蹈，但是他从小一直坚持跑步，排名常常保持第一。

有一天，在世界性比赛中得过第一名的著名马拉松教练正旭因酒后驾驶受到处罚，从而来到了初原的学校。庆淑请求正旭教自己儿子跑步，刚开始正旭很烦初原，但是随着和初原慢慢地接触，正旭越来越被单纯、真实的初原所同化，而初原也渐渐向正旭敞开心扉。正旭发现初原身上有着马拉松运动员的天赋，决定训练初原。

一直对正旭有偏见的庆淑某天和他发生了争执，面对正旭的指责，庆淑开始怀疑自己是不是对连好与坏都不会说的孩子太残酷了？感觉一直积累在内心的所有负面情绪一瞬间都垮了下来，庆淑决定放弃一切，包括马拉松在内。

当马拉松比赛真正到来的那一天，初原却悄悄独自一人去了比赛现场，在教练的指点下，终于跑完了全程，赢得了自己人生真正意义上的胜利。

《马拉松》剧照

教育要点

1. 运动比喝牛奶对健康更为重要

加拿大斯图尔特·豪斯顿博士告诉天下所有父母一句话："每天进行运动比每天喝牛奶对健康更为重要。"

运动与孩子的身心健康有什么关系呢？运动不仅是身体的锻炼、大脑的锻炼，也是意志和性格的锻炼。就连我们都熟悉的书写及阅读技能，看似是用脑的智力活动，但也离不开运动技能。握笔写字需要具备对手指的良好控制力和精细运动技能，阅读和书写时也需要良好的眼动，即眼部小肌肉对眼球的控制力，这也是一种精细运动技能。如果孩子缺乏运动技能，那么他们在阅读与书写时大脑便不能完全专注在自己所看所写的内容上，而是要花部分精力控制自己的肢体，这势必会影响孩子的理解力和阅读速度，学习看起来会变得很吃力。这样的孩子不一定智商低，只是缺乏相应的运动技能。

2. 运动对自闭症孩子的康复有重要作用

对于正常的孩子来说，运动对于他们的身心健康具有重要的作用，但影片中的初原是一个患有自闭症的孩子，运动对自闭症孩子的康复有什么重要作用呢？我们先来了解一下什么是自闭症。自闭症，又称孤独症，是由大脑神经发育异常所导致的一种广泛性发育障碍。其核心特征包括社会交往障碍、言语与非言语发展障碍以及重复刻板行为和局限的兴趣爱好三个方面，是一种终身性的障碍。从1999年起自闭症被认定为是一种残疾。当代医学数据显示1000个新生儿中就有一个自闭症孩子，仅韩国就有4万名自闭症患者，因此我们不能再忽视这样一个特殊的群体。

影片中初原的行为表现出了一个自闭症孩子的所有特征：他的手指总是在不受控制地抖动，不会拿筷子，拿东西时手的姿势也是大幅度的弯曲；他对《动物王国》和斑马的喜欢到了偏执的地步，可以一字不差地背诵《动物王国》的解说词，见到黑白条纹的手提包或裙子就忍不住动手抢、伸手摸；他总是不加思考、机械地重复别人的话；他没有索取与分享的概念，自己的东西不给别人，别人的东西自己再喜欢也不要；说话交流

《马拉松》剧照

时从来不看对方的眼睛，哪怕是和最亲爱的妈妈交流时，他的眼睛也总是看向别处。

初原的妈妈在初原很小的时候就陪他跑步、爬山锻炼，当他走不动的时候，用他最喜欢的巧克力饼干来诱导他继续前行。坚持不断的运动对初原的病情有没有作用呢？初原的老师是这样描述的：初原小的时候经常自残，他把自己的手上咬出了一道很大的伤疤，跑步让他的情况有所好转，他没有再咬自己。

运动对自闭症孩子真的有帮助吗？我们看看医学专家的研究：现在的研究还不清楚自闭症是什么原因造成的，但获知其和脑部有一定关联。事物反映到大脑，自闭症孩子和正常人有些不同，但是并不会影响运动，他们只是反映慢一些。一些自闭症孩子在足球、排球，还有其他体育运动方面出现的问题，不是先天因素所造成的，而是他们和正常孩子沟通少、互动少造成的，因此要创造条件使其和其他孩子多联系一些、多沟通一些。运动对自闭症孩子非常重要。有些父母认为自己的孩子主要是语言障碍，不需要运动，这是一个极大的误区。自闭症的孩子如果在运动方面正常，能和其他孩子一起玩，这就增加了和其他孩子沟通的机会，这是他们学习沟通能力的渠道。自闭症孩子在信息处理方面有障碍，他们最早的学习主要是模仿，在运动中孩子通过互相模仿会增强自己的模仿能力。所以运动对于自闭症孩子是特别重要的学习，是他们走出自闭的必经之路。

影片中，初原的妈妈陪初原长期参加两项运动——游泳和跑步，她这样做是非常有科学道理的。因为，对于绝大多数自闭症孩子来说游泳既是一个非常好的个人运动项目，也是一种最自然的辅助理疗之一，因此，游泳可以作为自闭症孩子首选的运动项目。当然，对于初原这样喜欢奔跑和跳跃的自闭症孩子来说，田径运动也是一个很好的选择，田径项目相对于其他大多数团队运动来说不需要太多互动和沟通，参加的条件和要求相对较低。

影片中，初原在运动过程中学会了分享，当他把自己的水递给教练，并接受了教练的啤酒时，他已经成长了一大步。初原在坚持不懈的运动中，找到了自己真正的爱好——跑步，所以当妈妈阻止他参加马拉松比赛时，一向胆小、自闭的初原勇敢地踏上了一个人的旅程。在妈妈闻讯赶来紧紧拉住他的手时，初原听从内心的召唤，主动松开妈妈的手，跑到了比赛的跑道上。这时的初原已经不再是那个只会重复别人话语的自闭症孩子了，他已经学会了选择与面对自己的生活。当初原在比赛中遭遇呼吸高原期，然后坐到马路上时，一个热心女孩送给他一包巧克力饼干，这包饼干让初原想起了妈妈曾经用这种方式诱导他跑步。当初原放弃饼干，自己站起来继续比赛时，他对跑步的认同已经发生了质的变化，跑步已经由原来的被动行为变成了自己内心的渴望，这时的初原已经如同一个正常孩子一样，明确地了解自己的需求是什么，并能够用顽强的意志力去实现自己的理想。初原的这一切进步与改变，都是运动带给他的成长。

著名心理学家皮亚杰在探讨儿童认知发展理论时说：“在儿童发展过程中，动作是一切知识的源泉。”这一理论充分强调了动作发展对儿童智慧发展的重要意义。在实践中，很多自闭症孩子经过运动训练后，症状得到改善，能力有了一定程度的提高。由此可以推断，这些自闭症孩子们的脑部功能有所改善。同时，人的行为往往受情绪影响，特别是自闭症孩子们对行为的控制能力较差，他们的情绪波动大，又不会表达，常常由哭闹等行为发展为攻击、破坏、自伤等不良行为。对不良行为采取惩罚的方法效果有限，即使当时有效，过不了多久自闭症孩子还会犯类似的错误，不能从根本上解决问题。而做运动效果会非常明显，这是因为运动能使人的身体内产生化学变化，使人获得快感，例如：我们成年人都有体会，有时心情不好，外出活动一下，顿时会感到心情舒畅了。

3. 运动是教育的最重要的内容之一

看完电影，我们应该能意识到，运动还能培养孩子的毅力，孩子做一些动作要付出较大的努力，有时要克服各种困难，正如影片中所讲，初原在马拉松长跑中遇到高原期，跑不动停下来，最终又再次站起来跑完全程，这就是很好的意志锻炼。运动后，孩子更有自信心和成功感，正如初原相信自己的腿价值连城、自己的身体战无不胜一样。适当的运动对孩子人际关系的发展有很大作用，使孩子易于养成与人合作的习惯和遵守规则的行为，更适于日后的社会需要。对于性格孤僻、不合群的孩子，要多让他们参加集体活动和各种游戏，与众多孩子接触，可改变其孤僻、忧郁的性格，有利于孩子身心健康成长。

有的父母可能会存在疑问：我的孩子没有自闭症，也需要经常参加运动吗？其实，我们在日常生活中会经常发现，个别孩子写字时头部距离作业本很近，或者趴在桌子上写，这些行为都和孩子的上身力量缺乏有关，必定会影响孩子的专注度。有些孩子写汉字，会把“雪”字下面的倒山反过来写，书写英文字母“b”与“d”会混淆。其中一个原因可能是缺乏方向感。对于儿童来说，运动是孩子发展其方向感、理解左右这种抽象概念的最自然方式。

哈佛大学医学院的约翰·瑞迪在研究中引用了美国芝加哥内珀维尔203学区的教学案例。这个学校试点了“零点体育课”，在上课前进行一定强度的运动，秉承“尽全力比跑得快更重要”的运动理念，不但让1.9万名学生成了全美最健康的学生，而且还让他们成了最聪明的学生。

新教育实验认为：运动是教育的最重要的内容之一，让学生懂得运动、热爱运动，养成运动的习惯，对于学生来说是终身受益的。所以，新教育“每月一事”建议，让孩子们每天有30分钟到一个小时左右的运动时间，同时把7月作为“健身”习惯养成月。在电脑、电视、手机、电子游戏占据了孩子们大部分的成长空间的大环境下，让我们像初原的妈妈一样，行动起来，陪自己的孩子一起运动、一起健身吧！

共鸣共行

请你问一问孩子——

你有没有特别喜欢的运动呢？比如跑步、打球、游泳、跳绳，在做运动的过程中，你有什么样的体验？你愿意和谁一起参加运动呢？

你在看这部电影的时候，是否也会想起自己在运动中遇到的困难呢？游泳的人在水中要承受水的压力，游泳时要克服水的阻力，呼吸比陆上困难得多，很多人因恐惧这种窒息的感觉而放弃，其实，经常游泳能促进呼吸肌发育，肺活量增加，从而提高呼吸功能；跑步的人在跑到一定距离后，会遇到呼吸高原期，这个时候是最考验人的意志力的时候。运动就是苦乐相伴，坚持的辛苦、训练的艰苦，为身体和心理提出了很多挑战，而正是在这样的过程中，我们的身心都获得了成长。

请你问一问自己——

作为孩子的父母或老师，你有没有把主要的注意力放在孩子的学习成绩和特长培养上？最近一次陪孩子运动是在什么时候？很多父母或老师认为，只要“身体”不生病，就“小车不倒只管推”，有意无意间，孩子的身体素质就被放在了其次的位置上。运动更多地被当作考学加分的工具，甚至是学习的绊脚石。父母或老师更愿意看到孩子利用课余时间去学外语、学钢琴。我们有没有反思过自己的这种教育行为对孩子的身心健康会有什么影响呢？

看完电影，我们应该对初原妈妈勇于反思的精神有印象。初原的妈妈一共和别人吵过三次架，全是因为别人用言语和行动伤害了自己的孩子，每当这个时候，柔弱的妈妈总是像红了眼的猛兽一样冲向前去和别人拼命。妈妈认为自己的孩子有病就已经很可怜了，再让孩子受委屈，心里受不了。我们为人父母者对于初原妈妈的做法，在感情上很理解，但从教育学的角度来理性思考，这是不是真正对孩子负责呢？所以当初原的教练指责妈妈对孩子保护过度导致初原的种种表现时，妈妈陷入了对自己教育行为的反思中。

时常停下脚步，反思自己的教育行为是否恰当，及时修正自己的教育行为，陪伴孩子享受运动的乐趣，在运动中促进孩子身心健康成长，这才是对孩子一生负责的爱的体现。

相关推荐

影片名：《铁甲钢拳》
导 演：肖恩·利维
编 剧：丹·吉尔罗伊　约翰·盖汀斯
杰里米·莱文
主 演：休·杰克曼　达科塔·高尤　凯文·杜兰
安东尼·麦凯　伊万杰琳·莉莉
类 型：动作　科幻　运动
制片国家 / 地区：美国　印度
语 言：英语
上映时间：2011 年
片 长：127 分钟

李西西推荐语

不仅是竞技运动的精神，还有亲情的羁绊，才让我们为一堆钢铁废物挥洒热泪。

摆脱自我的诅咒

——《洛奇1》

导赏：邱玉东（江苏省泰兴市西城初级中学）

影片信息

影片名：《洛奇1》
导 演：约翰·艾维尔森
编 剧：西尔维斯特·史泰龙
主 演：西尔维斯特·史泰龙 塔莉娅·夏尔 波特·杨 卡尔·韦瑟斯 布吉斯·梅迪斯
类 型：动作 剧情 爱情
制片国家/地区：美国
语 言：英语
上映时间：1976年
片 长：119分钟

影片赏析

这部影片讲述了在周围人的引导下，洛奇借着体育锻炼建立自信、突破自我的故事。

影片主人公洛奇是一位无人关心、靠打拳和帮人收高利贷谋生的青年。他有一颗善良的心却一直四处碰壁，在小拳击馆奋斗十年，毫无建树。

就在洛奇苦恼的时候，美国重量级黑人拳击冠军阿波罗·奎迪的对手因受伤而退出比赛，主办人佐治·休根斯以“美国到处是机会”鼓动洛奇作为奎迪的对手参加比赛。多年不得志的洛奇已陷入“我是微不足道的拳击手”的心理陷阱。在获悉将面对的是一场与阿波罗·奎迪的比赛时，洛奇断然拒绝。在主办人不断劝导下，洛奇终于接受邀请。

为准备比赛，洛奇接受朋友加索的建议戒烟，接受拳击馆老板米克的建议不喝酒，并开始高强度锻炼：晨跑、俯卧撑、拳击训练，还创造出在冷冻房练拳的绝招。在米克、保利、艾莉等朋友的帮助与激励下，洛奇日渐强壮，拳法稳健，对即将到来的拳击比赛充满信心。

比赛前一天，洛奇很早就到赛场寻找灵感，当他看到现场悬挂的阿波罗·奎迪的照片时，他突然感觉自己很渺小。关键时刻女友艾莉说：“你已经很努力。”女友艾莉短短的一句话帮洛奇找回了信心，突破了惯性心理的围墙，发现了自我的力量，最终实现“打完十五回合”的设想，向世人证明了自己的价值。

教育要点

1. 总是亲子冲突，父母怎么处理

得知洛奇将面对拳王，米克主动上门。从米克来访到两人在楼下告别的期间，洛奇有很多粗鲁无礼的言行。洛奇与米克之间的这番场景，可能会在不少家庭出现。为什么父母一腔热血，孩子却不领情？仔细分析洛奇的心态，我们或许可以从中得到启发：(1) 父亲过早为洛奇定性，说他

《洛奇1》剧照

“天生没脑要用身体”，洛奇接受了“表达能力不良”的暗示，从而影响了他交流能力的拓展。所以父母评价孩子时一定要特别谨慎，当心负面评价对孩子的影响。(2) 问一次没被马上回复就放弃，是很多孩子的通病。他们不知道解决问题需要多次沟通。因为洛奇在处理问题时与他人缺乏有效的沟通，所以他的发展受到很大的阻碍。因此父母一定要让孩子学会用沟通的方法解决问题。(3) 社会尊重的是价值。洛奇被冷落，是因为他拳技不高、价值不大；洛奇被尊重，是因为他与拳王对阵、价值飙升。因此父母适时适度地揭示、尊重真相，可激发孩子的上进心。(4) 孩子对父母发火，并不代表他真的认为父母有错。孩子的火气总是撒向他信任的人，因为就算发了火，父母也不会抛弃他。洛奇感觉到了米克的真诚，把多年的压抑之火向米克发泄。米克不辩解，悄悄离开。洛奇发泄好了，主动找米克和解。米克并不多言，坦然接受和解。怎样面对孩子的暴怒？或许米克的选择值得我们思考。

2. 孩子压力过大，父母怎样应对

洛奇到赛场适应环境，被现场悬挂的阿波罗·奎迪的照片打击了自信。洛奇非常气馁，回家说了很多，但艾莉却只说了短短几句，她更多时刻都在静静地倾听。孩子压力过大，父母怎样应对？反复看影片的这一段，或可得到启发：(1) 当孩子在情绪中表白时，要学会倾听，适当插话，引导孩子把心里的话讲出来。(2) 尊重孩子的主体地位，相信孩子的判断能力，不宜以自己的思考代替孩子的思想，充分肯定孩子已经付出的辛劳，帮孩子正确地认识自己。(3) 用一双慧眼观察孩子，在心里默默注视孩子的一言一行。电影中的艾莉，虽然没有时时跟洛奇说话，但是她从来没有停止关注洛奇，一直在心里梳理着洛奇的需要，因此才得以在关键时刻帮助洛奇冷静地做出合乎自身情况的决定。

3. 坚信运动有奇效，持久锻炼，不轻言放弃

刚开始锻炼，洛奇跑得很吃力，喘得很厉害，精神也萎靡不振。拳击训练时他的步伐零乱无力。经过一个多月的锻炼，他跑得越来越轻松。拳王赛时，他身上体现出坚持到底不放弃的豪气。这充分说明体育锻炼不仅能强健身体，更可以促进人的精神转变，培养人的意志力！

《洛奇1》剧照

当下的教育以知识的考查为核心，忽视学生情感、精神、意志的培养，不太关注学生作为一个人的基本素质（如关心人、理解人、体谅人、尊重人等）的提高。为了孩子的健康成长，家庭必须担负起更大的责任。现代科学表明，人与人之间智力的差距不大。真正的差距产生于非智力因素。要想减小差距，体育运动必不可少。人是一个节律的躯体，人的心脏永不停歇地运动着，血液不到一分钟循环全身。体育运动符合人的身体节律特点，能促进血液循环和新陈代谢，使器官变得强壮，思维变得敏捷，躯体不再畏寒，增加克服困难的勇气和战胜困难的信心，提高突破自我、规划未来的能力，有机会尝试更多生活方式，获得更丰富的人生体验。家庭带孩子运动最大的障碍是父母的“从众心理”。影片中，洛奇跑步健身，并不是人人赞赏。随着洛奇的坚持，赞赏的人多了。带孩子体育锻炼时，父母是否能坚持做自己，是家庭运动是否成功的关键。

共鸣共行

每一个孩子都可能像洛奇一样，随时遇上让他泄气的人，让他觉得自卑的事，听到让他怀疑自己的语言。但是不管是何原因引起孩子不自信，父母看到的现象可能是近似的：孩子精神不振，不愿主动说话等。

请你问一问孩子——

跑步的时候有没有像洛奇开始跑步时的痛苦和艰难？日常生活里，有没有感觉精力不济？有没有睡眠充足却常打呵欠？是不是常常感觉不到饿而不想吃饭？冬天是不是特别怕冷？如果有上面的这些情况，就说明孩子的运动量远远不够。可以再问问孩子：好好想一想，运动之后的一段时间，有没有感觉到精神愉快，烦恼似乎减少了？有没有感觉到心里轻松，学习的压力似乎小一些？让孩子从自己的经历中体会运动的好处吧！

请你问一问自己——

如果你的孩子表现得不自信，你会不会觉得沮丧？你会不会觉得这太不好了，然后拼命想要把孩子从沮丧中拉出来！你有没有想劝说他不要再精神不振？你有没有耐心倾听孩子的心声？不管父母的做法怎样，都是对孩子的关心。但是，与艾莉的做法相比，哪一个更能激发孩子的自信、自尊，增强孩子的存在感，培养孩子的自我意识呢？

如果孩子狂躁、暴怒，你有没有想要跟孩子一样发火？你有没有跟孩子针锋相对“你一句，我一句”的对攻？你有没有压制孩子的冲动？你有没有认为孩子没有良心，不知好歹？其实，孩子知道父母是他的依靠，才会把火发泄到父母的身上。一旦孩子的气发泄完了，他也就平静了。说不定也就知道对和错了。孩子发火时，父母冷静引导与父母跟孩子对着干，哪一个会让孩子日后更愿意亲近我们？

相关推荐

推荐影片信息

影片名：《百万美元宝贝》
导 演：克林特·伊斯特伍德
编 剧：杰瑞·博伊德　保罗·哈吉斯
主 演：克林特·伊斯特伍德　希拉里·斯万克
摩根·弗里曼　杰伊·巴鲁切尔
麦克·柯尔特
类 型：运动
制片国家 / 地区：美国
语 言：英语　爱尔兰盖尔语
上映时间：2004 年
片 长：132 分钟

李西西推荐语

“我见识了整个世界，人们高呼我的名字！”

直面残酷的世界，矢志不渝地追求，即使失败了、消亡了，依旧葆有一颗永远骄傲的心，这才是竞技体育运动精神的真谛。

精彩瞬间

八月份

友善

有一种表情，只有人类拥有，那就是微笑，它意味着友善。

友善，是一个人最美的名片，是一颗心最可亲的介绍信。友善也是一块最肥沃的土地，能够把希望之苗，孕育成参天大树。

在现代社会中，各行各业的分工越来越细化，心与心的距离也越来越遥远。友善就像胶水，将不同的人群粘连起来，让世界变得温暖。

回不去的那些年少时光

——《再见，我们的幼儿园》

导赏：董艳（安徽省六安市霍邱县户胡镇中心小学）

影片信息

影片名：《再见，我们的幼儿园》
导 演：水田伸生
编 剧：坂元裕二
主 演：桥本智哉　芦田爱菜
佐藤瑠生亮　本田望结
黑田博之　庵原凉香
类 型：儿童
制片国家 / 地区：日本
语 言：日语
上映时间：2011 年
片 长：135 分钟

影片赏析

你还能记得幼儿园里发生的事情吗？

《再见，我们的幼儿园》里五个小朋友从幼儿园逃走，踏上从新宿站开往高尾的中央线列车的旅途，目的地是同伴洋武君所在的医院。洋武君因病住院，他们想要最后见见他，与他聊聊天。旅途中有疲惫、有艰难、有放弃、有迷路，他们却一直互相鼓励着。小朋友们接二连三地被寻找他们的警察接走，最后只剩下康娜一个女孩，她坐在去见洋武君的汽车上，梦见关于死亡的黑暗，康娜惊慌不已，只身在马路上尖叫，所幸追随而来的老师抱住了她，最后还是在老师的带领下见到了洋武君。

小朋友们从一开始就定下了绝对不哭的约定。病床上带着氧气罩的洋武君，在与康娜相见的时候果然笑了。他们在微笑中诉说着对彼此的关爱和思念。

《再见，我们的幼儿园》剧照

小朋友的感情是如此单纯、如此坚固，很难得到大人的理解。这部影片里的大人——拒绝告诉孩子们真相的老师和父母们，浪子回头的拓实妈妈，康娜在汽车上假想的巫婆奶奶，最后真诚地向康娜说谢谢并且泣不成声的洋武妈妈，责怪老师让康娜来看洋武的康娜妈妈，还有慢慢越来越能体会孩子们感情的吉木老师，每一个人物都是这么鲜明，却又反衬着这群孩子们可以冲破一切黑暗的爱。

而那个为了让孩子们回家而吓唬他们的流浪汉叔叔，他的善良是让孩子们不曾想到的，因为父母曾告诉他们，不要和流浪汉说话。孩子们总有一天会疑惑，为什么自己看到的世界和大人口中的不一样，为什么大人一边教育他们不能说别人坏话，另一边却在火车上当作趣闻一样谈论着别人家的隐私。在孩子们的世界里，我们也许真的显得很糟糕。

教育要点

1. 不要阻止孩子走自己想走的路

作为老师，扪心自问，我们真的了解孩子吗？我们常常呼喊走进孩子的心里来教育，可是做到了吗？电影中康娜等五位小朋友为何要选择用偷偷出走的方式看他们的朋友洋武？这与父母和老师不重视孩子的想法有很大的关系。电影中，老师与父母为了不让洋武的朋友们拥有痛苦的回忆，所以向大家隐瞒了洋武生病的一切消息，出发点是好的，但却忽略了孩子们的感受。

“我们大人的思想成熟，孩子还小，好多道理不懂，要防止他们犯错，要帮他们走一条正确的路。”这可能是现在所有父母和老师的主流思想了，可是我们往往会忽略一点，正确的路不一定是孩子想走的路。我们可以协助孩子走自己的路，而不是强行让他们走我们规定的路。

在影片的结尾，为什么康娜在病房里为洋武做的事会让我们这些成人感动得想流泪？为什么康娜既没有对洋武说安慰的话语，也没有带好吃的给他，却能让洋武立马快乐起来？看到这里，我不得不感叹，只有孩子最了解孩子，他们那种单纯的友情也是我们成人渐渐长大而逐步丢失的东西。这种情感是孩子所特有的，也是我们成人想找回的。

2. 不要让孩子的学习脱离生活

影片中五个幼儿园的孩子商量如何坐电车时的情景让人震撼。这种学习是为了生活而不是为了知识，这种教育模式，让人向往。

3. 家庭教育比学校教育影响更大

电影中，拓实是个略显忧郁的小男孩，懂得的知识很多，爱讲实话，但是得不到大家的喜欢。先是与优衣发生矛盾，接着又因口角与俊佑打架，而且大家都指责他时，他还表现得很倔强，认为自己没错，拒绝道歉。但当三个人因为面对种种困难准备返回东京时，他却突然爆发了内心的情绪，向大家诉说了内心的不安。没有哪个孩子，也没有哪个人可以承受家人的抛弃。大人尚不能承受，何况这些孩子。人们无法想象，父母的裂痕会让他多么无助，妈妈带着姐姐绝情地离去会让他多么绝望。背叛和离开，永远是这个世上最可怕、最伤人的。心里的伤害，让这个善良快乐的小男孩变成了一个具有相反性格的人。家庭教育的重要性，就是这样直接凸显的。

4. 外出遵守交通规则就是珍爱自己的生命

电影里还有两次关于交通安全的情景。一次是俊佑带头闯红灯过马路，接着大家觉得不用像平时在幼儿园那样遵守规矩，很是好玩就都闯了红灯，只有美琴在大喊要遵守交通规则。第二次是康娜想跑到轨道上捡洋武留下的蜡笔，美琴拉着不让，然后蜡笔被电车压得粉碎。如果当时美琴没拦住康娜，当时可能就会发生悲剧。两次情景放在一块儿就凸显了遵守交通规则的重要性，一两次不遵守，你可能没什么事，但只要你总是心存侥幸，有一次不走运，你可能就要付出生命的代价。

《再见，我们的幼儿园》剧照

5. 守护自己心中的那片“星空”

一段孩子的冒险旅程虽然结束了，但孩子之间的合作精神、坚持精神、勇敢精神和互爱精神却永远留在了观众的心中，让我们情不自禁地问自己：为了那份友情我们又能做到哪一步呢？

共鸣共行

请你问一问孩子——

你有没有在幼儿园与朋友合作共同完成某件事的经历呢？在合作过程中有没有与朋友生气，有没有因为困难而放弃了呢？其实我想大家可能都有与朋友合作的经历，大家细心回想就能发现，如果朋友间互相帮助，完成一件事很简单。但如果大家不能齐心协力，都为自己考虑而不顾他人的感受，那么想要完成既定的目标将会很难。所以学会合作与关爱将会使生活变得更加顺畅和美好。

你在幼儿园有没有特别好的朋友，你是否为他做过父母或老师不让做的事呢？其实，朋友就是这样，当我们想为自己的好朋友做事时可能都没考虑过其他东西，就是单纯想帮助他，想让他开心。朋友之间应该互相尊重和友爱。请相信，当你以真挚的爱去对待朋友时，你自己收获的也将是真挚的爱。

请你问一问自己——

如果你是孩子的父母或老师，你是否会去尝试了解孩子的内心？你是否知道孩子最需要的是什么？你是否也曾经认为为了孩子好，而向孩子隐瞒了一些事实呢？你是否鼓励过孩子去做自己想做的事情，还是打击他不让他做呢？希望通过这部影片，能让你清醒过来，真正地走到孩子的心里来帮助他、教育他，让他学会尊重朋友、爱惜友情，能顺利地与人合作。希望每个孩子都能永远葆有自己心中的那份纯真的爱、勇敢的心、不放弃的精神，要坚信每个人都有自己的“星空”，而且永远藏在自己的心中。

相关推荐

推荐影片信息

影片名：《暴力云与送子鹳》

导 演： 彼得·索思

主 演： 托尼·富奇莱　洛里·理查德森

类 型： 喜剧　动画　短片　奇幻

制片国家 / 地区： 美国

语 言： 英语

上映时间： 2009 年

片 长： 6 分钟

李西西推荐语

爱很简单，爱很复杂。在爱的世界里，你能说谁是对的，谁又是错的吗？爱是最终极的友善，能包容你的一切。

用心呵护童心

——《E.T.外星人》

导赏：牛见玉（山东省日照市金海岸小学）

影片信息

影片名：《E.T.外星人》
导 演： 史蒂芬·斯皮尔伯格
编 剧： 梅丽莎·马西森
主 演： 亨利·托马斯　迪·沃伦斯　罗伯特·麦克纳夫顿
类 型： 儿童　奇幻
制片国家/地区： 美国
语 言： 英语
上映时间： 1982年
片 长： 115分钟

影片赏析

本片是史蒂芬·斯皮尔伯格震撼影坛的不朽巨作，一位10岁男孩与一个外星造访者，划破时空隔阂，建立了纯真的友谊。

艾里奥特，一个充满着幻想的小男孩，有个老想着捉弄他的哥哥和一个还不太会讲话的小妹妹歌蒂，兄妹三人和不久前离异的母亲住在一起。由于工作忙碌加上心情糟糕，母亲时常会忽视对孩子们的关爱和沟通。

E.T.是一个被同伴不小心留在地球上的外星人，幸运地被善良的艾里奥特发现。他瞒着妈妈偷偷收留下了孤独无助的E.T.并给他吃巧克力，还把他介绍给自己的狗狗、哥哥和妹妹。虽然E.T.和艾里奥特无法沟通，但是他们的感情却跨越了一切外在的障碍联系到一起。他们的外形差异巨大，却都有着一颗善良的心。

在他们之间，建立起一种奇妙的心灵感应：E.T.难过的时候，艾里奥特也会感觉忧郁；E.T.病了，艾里奥特也会跟着不舒服……孤独的E.T.和孤独的艾里奥特成了最好的朋友，于是他们都不再孤独。

直到有一天，E.T.不可避免地被大人们发现了。一个活着的外星人！这还得了！于是人们如临大敌，警察、军队、FBI……蜂拥而至。大人们不顾孩子们的苦苦哀求，无情地抓走了E.T.，根本无视此时的他是那么的无辜、脆弱和绝望，他们只想把这个外星人当成千载难逢的珍贵试验品进行研究。

《E.T.外星人》剧照

艾里奥特在哥哥和伙伴们的帮助下终于从研究中心救出了E.T.，不料大人们根本不放过他们，沿路设下重重关卡，企图拦截这支“营救小队”。就在人们的眼皮底下，E.T.展现了他的神奇力量，带着大家飞了起来，摆脱了包围圈。

在当初发现E.T.的树林里，来接E.T.回去的外星飞船赶来了。一直念念不忘要回家的E.T.终于要走了，艾里奥特恋恋不舍地和他的外星朋友告别。望着远去的飞船划破天际，艾里奥特知道，他将会永远记住这段短暂却美丽的友谊……

教育要点

泰戈尔曾说，童年是伟大的。童年的伟大在于儿童身上那率真和善良的品质，童年的伟大还在于你可以随意地做梦并且矢志不渝地相信着美梦成真。这正如同影片传递给我们的：童心是一种力量，促使孩子们用爱创造一个又一个奇迹。

1. 遇见E.T.，遇见爱

E.T.来自遥远的星球，大头大脑大眼睛，眼神好奇而天真，感情丰富，生性聪敏、调皮、可爱、善良、简单，在这陌生的地球上他就如同一只小甲虫般脆弱，孤立无援。而艾里奥特，因为父母分居，爸爸的理解、关心、信任没有了，因为妈妈面临工作、生活、婚姻不顺的多重压力，心情糟糕，无暇顾及他。妈妈很难及时而准确地去关注与理解他，哥哥有他自己的同龄玩伴而忽视了他，所以10岁的艾里奥特陷入了孤寂中。当被遗留在地球上的E.T.出现在艾里奥特面前时，两个孤独而敏感的孩子相遇了，他义无反顾地选择了收留他、照顾他。当两个来自不同世界的灵魂终于相融的一瞬间，那眼神里有害怕、好奇，但更多的却是对彼此的信任和想要关怀彼此的勇气。人的本质需求是消除孤独感，寻求安全感。而马克思说过："只能用爱来换取爱，用信任来换取信任。"这两个弱小而纯真的生命的友情很好地诠释了这一切。

我曾经也无数次幻想过我的窗前会出现一个外星人，我们成了朋友。但是，如果当我家门口真的出现了E.T.，那我是不是真的敢把他请进来？我是否会考虑很多事情？比如：这家伙是不是很脏？他会不会咬人？他会不会把我的笔记本吃了？或者他是不是外太空派来的间谍？地球会不会因他而灭亡？就像影片里的那些大人们，当面对E.T.时，他们做了那么多的防护措施，穿着笨重的防护服，使用各种各样的仪器，甚至把整个屋子都封闭了起来。影片中，一位科学家对艾里奥特说："我很高兴E.T.能先遇见你。"是呀，只有孩子——艾里奥特会保护E.T.，会爱他，会帮助他，会感受到他的疼痛与温暖。孩子不会像大人那样只知道追求真理或利益。

2. 拥有童心，信任是金

不能忘怀影片中的一个场景，艾里奥特在学校实验室放生青蛙。我十分喜欢这个情节。不知道艾里奥特是否被E.T.的思维左右才如此，只是他放生的那个刹那，我十分佩服他。这就是赤裸裸的童真啊，天不怕，地不怕，我认为是对的，那就做。在我们的生活中，我们的医学院里，无数的小动物都惨遭厄运，人类为了达到自己科学发展的目标，不惜以无数动物作为实验对象。看到这里，你是否想到了自己的童年？你是否在10岁的时候竭力保护过亲手喂养的公鸡不被人宰杀呢？我想这也是影片的另一个教育意义吧：呼吁我们不仅要关爱身边的孩子们，还要关爱动物、关爱环境，关爱世间的一切。

童心的美德与智慧可以超越物种、超越现实，具有神奇的力量。艾里奥特骑着他的小脚踏车载着E.T.，从树梢飞过，在幽蓝的天际中，从金黄明媚的圆月中穿过。繁星满天，风声萧萧，笑声朗朗，所有童心未泯的人都会被这样的场景所打动。

我不禁在想如果不是艾里奥特先发现了E.T.，而是大人们，那结局真不敢去想象。还记得影片中艾里奥特对妹妹说："大人是看不到E.T.的。"是的，大人们只能看到他的躯体，他们要知道这个异体怎样呼吸，怎样生存，内部构造又是怎样。他们以为用先进的科学技术、那些冰冷的器具和冰凉的液体可以解救这个生命。而只有孩子，才知道拿出自己的真挚感情，来呼唤E.T.，来唤醒E.T.。

解读影片，我们不难看到处处流露着对关爱这一永恒主题的诠释：是爱让E.T.存活，是爱让我们见证了一个又一个奇迹。因为关爱与沟通让艾里奥特懂得了信任和友谊，懂得珍惜和回忆，懂得人生的微笑与苦痛。因为信任和爱，即使他们无法用语言交流，但他们之间有着神奇的心灵感应。

影片中，外星人有着一颗鲜红通透的心脏，影片中有两处心脏发光，一处是当飞船在焦急地等待E.T.时，在舱门口焦急徘徊的外星人，他的心在夜幕下一闪一闪，与树丛里紧张的E.T.遥遥呼应，仿佛在做紧张的别离对话；另一处是飞船来接E.T.时，原本已被医生宣布死亡的E.T.竟奇迹般复活了，他的心脏又一次发出红光，直到他登上飞船。这种独特的设计不单是显示外星人的奇异，其背后有一定的文化内涵。红色，代表着血色与热情，表明外星人与人类血脉相似，情感相近。他们是宇宙中人类的近邻，与人类有彼此沟通的可能。他们也会产生离别之情、相思之痛。飞船的离去，是外星人不得已时痛心的选择，离群的E.T.会痛苦而孤独，观众的同情心便被撩拨起来。

3. 相信童话，美丽同行

这还是一部能勾起我们童心的电影。影片中妈妈在睡前给小女儿讲故事，对小女儿说："你相信童话吗？快说相信！我相信！相信的话就拍手！"我一直以为这是电影的主旨，相信童话，相信爱，回报爱。就比如，E.T.的超能力：飞行以及治愈，还有让鲜花盛开。只有相信童话，才能坚信E.T.不会死去。直到最后E.T.活过来的时候，我脑子里第一映出的场景就是妈妈与小女儿讲故事的片段，"快说相信，我相信！"我甚至不由地拍了几下手。还有影片中两次飞翔的镜头，第一次飞，是唯美的飞，划过月球，那场景美极了。第二次飞，是更童话式的飞，当警察拦截在孩子们面前的时候，我便默默念着："飞起来，飞起来……"当他们真的飞起来的时候，我激动得无以复加，几乎泪盈于眶。就像小时候看童话故事那般。出人意料的是，我原本以为就艾里奥特一个人飞，没想到孩子们全飞了，大家划过太阳，那便是希望。我看着他们飞过小镇，夕阳火红而灿烂。那些从上而下看到的小房子，前所未有的美丽。那是对勇气、对善良的嘉奖和肯定。从他们飞上天空的一刻起，他们的一生都将拥有真诚和善意，并且相信奇迹。

童心是真的需要被呵护与关爱的。当前由于价值的多元和观念的开放，离婚率持续上升，更多无辜的孩子在残缺的家庭中缺少关爱，就如身处影片中艾里奥特的境地一般。现在有很多离异家庭的孩子，无论家庭条件如何，这些孩子都存在不同程度的情感和行为问题。所以到底该如何教育离异家庭的孩子呢？我想这正是这部电影要呼吁我们所有人关注和反思的。父母离异会对孩子产生很大的压力。最初是来自婚姻冲突的压力，然后是父母分离的压力，最后是忽然与父母一方分开的压力。孩子也许不能

《E.T.外星人》剧照

完全理解所发生的事情以及事情发生的原因。当然不同年龄的孩子的理解及适应能力不一样。片中，艾里奥特跟妈妈、哥哥、妹妹说起他所看到的那个“小怪物”的事情，哥哥妹妹都不相信，妈妈说他可能是臆想，这几乎是所有大人的想法。艾里奥特情急之中冒出了一句：“爸爸就会相信我。”“我想你应该给爸爸打个电话告诉他。”这个时候的妈妈还是很理智，遵循虽然离婚，但是父亲却同样有教育责任的美国式比较成熟的理念来处理问题。艾里奥特加了一句：“可是爸爸跟萨利在墨西哥。”这也许就是离婚原因，或者说戳到了妈妈的痛点。因为艾里奥特只是个10岁的小男孩，换位思考的意识和能力还没有。哥哥却很快察觉了问题的所在，指责艾里奥特没有理解妈妈。而小妹妹却只是懵懂地问：“墨西哥在哪里？”离婚对父母造成的压力，进而也会对孩子的教养行为产生一些消极的影响。在一些国家，很多法庭引进亲职教育程序，它教给离异或分居的夫妻如何避免和处理冲突，如何开诚布公地建立一种有效的合作关系，并帮助孩子适应父母离异。如此孩子出现问题行为的可能性就会大为降低。

4. 这个世界满是希望

如何去呵护童心，找到与孩子沟通的渠道？相信他们，积极地关注他们。离异家庭中的孩子更需要关注与爱。因为爱才能浇灌出爱。雷夫·艾斯奎斯老师的《第56号教室的奇迹》中所说的教育成功的秘诀就是爱。有爱，才会去思考；有爱，才会创造奇迹！影片中的艾里奥特无疑是幸运的，他的幸运就在于他与E.T.的相遇。在这场美妙的相遇中，E.T.带给艾里奥特的爱与相信，使他找到了与世界和身边人沟通的渠道。两个来自不同星球的生命，偶然邂逅、敞开心扉、逐渐靠近、创造奇迹。

心理学家弗洛姆说："爱是人的一种主动的能力，一个突破把人和其他同伴分离之围墙的能力，一种使人和他人相联合的能力；爱使人克服了孤独和分离的感觉，但他允许他成为他自己，允许他保持他的完整性。"这部影片同时表达了一个爱与成长的主题。艾利奥特在森林里睡了一晚，他的妈妈在给警察报案的时候说："我和他的爸爸正在分居，孩子们还不适应。"妈妈开始意识到问题的症结，从不理解儿子的言行到带着女儿开车飞奔到树丛中去跟E.T.告别，找回了童心，获得跟孩子沟通的密码，完成了为人父母的成长。而兄妹之间的感情因为对E.T.共同的照顾与营救也得以升华。

被外星人无奈遗留在地球上的E.T.无时无刻不在思念家，想回到家，说得最多的字就是家。例如在过万圣节时，导演以主观镜头表现E.T.在大街上看到《星球大战》中的约达，以为是自己的同类而惊喜地跑过去。但小孩假扮的约达不解地走开。E.T.一阵茫然，不断地重复家。这个小小的外星人的可爱、善良应该是那个星球中的家给予的，家给了孩子爱的源泉。美国黑人歌唱家玛丽安·安德森说："回到家，感受那种幸福，是世界上最快乐的事情。"给孩子一个充满爱的家，是大人的责任。一个孩子在小时候得到了足够的爱，那么他在长大之后会理所当然地付出爱。一个完整的、充满爱的家庭，是孩子身心健康的根本保证。

爱自己、爱家人、爱人类，让世界充满爱。该片于1982年首映，2002年，影片以包括未公映片段的特别版重新上映。在20周年重映版中，斯皮尔伯格特别用电脑技术去掉了一些枪械的出现，比如把FBI手中的枪支换成了对讲机，这位大导演的解释是："因为我很后悔让联邦探员们拿着枪拦截追赶小孩！"这样一位导演用爱来塑造爱，所以影片取得了巨大的成功。当你对这个世界充满善意，也定会被这世界温柔以待。

共鸣共行

请你问一问孩子——

你羡慕吗？那一夜，高大的森林巨树，浓密的灌木草丛，银色的月光下，艾里奥特骑着他的小脚踏车载着E.T.，飞翔在满天的繁星中，身影如剪纸般划过洁白的大月球。这个镜头优美得如同梦境，这曾经就是斯皮尔伯格的童年梦想。你有没有这种飞翔的梦境呢？

请你问一问自己——

你在看这部电影的时候，是否也会想起自己平时是如何对待孩子和孩子所做的事情的呢？

如果你是离异家庭孩子的父母或者老师，你会如何去关爱这类孩子呢？

相关推荐

推荐影片信息

影片名：《机器人总动员》

导 演：安德鲁·斯坦顿

编 剧：安德鲁·斯坦顿　吉姆·里尔顿　彼特·道格特

主 演：本·贝尔特　艾丽莎·奈特　杰夫·格尔林　佛莱德·威拉特

类 型：喜剧　爱情　科幻　动画　冒险

制片国家/地区：美国

语 言：英语

上映时间：2008年

片 长：98分钟

李西西推荐语

退化成超级大胖子，生活无法自理的“未来人类”，早已遗忘了满目疮痍的地球曾经是自己的故乡。

而小小机器人还在坚守着、努力着，用爱与友善，在浩瀚的星空画下最璀璨、最美丽的弧线。

成长来自精神的引领

——《第二滴血》

导赏：李西西（新教育研究院新阅读研究所）

影片信息

影片名：《第二滴血》
导 演：加思·詹宁斯
编 剧：加思·詹宁斯
主 演：比尔·米尔纳　威尔·保尔特　杰西卡·斯蒂文森　亚当·戈德利
类 型：喜剧　剧情
制片国家 / 地区：英国　法国
语 言：英语　法语
上映时间：2007 年
片 长：96 分钟

影片赏析

电影一开始，就展示了这样一个细节：电影院门前，威尔在教会活动中被要求朗读经书时，李卡特却在电影院抱着摄影机，叼着烟不屑地看着电影《第一滴血》。故事就在这样两个截然不同的孩子之间展开。

威尔是个寂寞的“好孩子”。作为家中的长子，又兼家庭宗教信仰因素，他被管得很严，限制娱乐，从不被允许和同学们一起出去玩，也不许听音乐、看电视。这导致威尔没什么朋友，也很少和家人共度时光，经常一个人画画，通过幻想来抒发自己的情感。

一个偶然的机会，威尔结识了学校里的“坏孩子”李卡特，从此进入了一个新的世界：李卡特第一次让他看了电影《第一滴血》的盗版光碟，带着他到处捣蛋，还要他帮忙拍电影，完成自己的导演梦想。

善良单纯的威尔成了李卡特的小跟班，也渐渐开始发现摄影机的妙处，得以尽情发挥自己的想象力。他俩联合起来开始拍摄一部电影，在进行过程中，学校里的很多孩子们都加入进来，二人成了“名人”。

然而孩子的友谊总会埋下许多不安定因素，随着一个法国交换生的出现，威尔和李卡特的关系开始出现“裂痕”……

这部电影记录了一个“好孩子”和“坏孩子”之间的交往，故事发生在二十世纪八十年代的英国小城镇。那时，各种电影中的英雄角色是孩子们心目中的偶像，所有孩子都从对英雄的仰慕和追寻中，找到自己的勇气与兴趣。也正是如此，游戏世界和影视作品中的故事悄悄塑造着他们的性格。

但这部电影的优秀之处在于，它没有致力于树立英雄和推崇英雄主义，也不是简单讲述“好孩子”与“坏孩子”缔结友谊、共同进步，而是分别从两个人的视角出发，尽力客观而冷静地呈现出真相，从而带给人们超越好与坏的思考。

影片中的威尔，在遇到李卡特之前可以称之为标准的好孩子，他聪明、内向、循规蹈矩、不惹是生非，通常中国家庭都会鼓励这种“好”，并时时给予这个“好”孩子一个其所能给予的最高冠冕，即很听话。殊不知，这种“听话”正是一种吞噬创造力的可怕怪兽。

《第二滴血》剧照

李卡特属于典型的“坏孩子”，哪怕是在其情绪最低落的时候，他身上也时刻散发着某种强烈的野性，不是一般的调皮捣蛋，堪称无恶不作。

然而，影片的精彩，尤其最终结局的感人肺腑，已经令人完全忘记了“好孩子”与“坏孩子”的概念。

新教育道德人格发展的理论认为，人的道德发展，会经历自然功利境界（包括逃避惩罚和渴求奖励两个阶段）、习俗规则境界（包括“我要做个好人”和“我要捍卫游戏规则”两个阶段）和道德仁爱境界（包括将心比心与惠泽天下两个阶段）这三个相继的境界（六个发展阶段）。如果简单套用的话，影片初期威尔和李卡特处于自然功利境界，后来逐渐发展到了习俗规则境界，并有望升华到道德仁爱境界。

只是，再鲜美的理论之果，也永远无法体现生活之树的全部。在这部美好又真诚的电影里，我们可以看见电影无限趋近、逼近现实生活，又赋予现实生活以理想光辉的立体，但是并不能脸谱化地简单套用。

李卡特外表活泼、野性，内心世界却很敏感、忧郁，他最亲的人是哥哥，可那哥哥既对他有一定感情，却又根本不知如何正常表达感情，只知道对他粗野蛮横地呼来唤去。

威尔在压抑的家庭环境中沉默着，与其才华相衬的却不是赏识与认可，而是孤单和可怜，若不是李卡特偶然走进他的生活，他的整个童年就会在循规蹈矩中虚掷，其才华会被彻底磨损，平庸地度过一生。

经过一番乱哄哄的打闹和争斗之后，威尔和李卡特都表现出了哪怕豁出性命也要呵护彼此的无畏行动。尤其是李卡特，他救了威尔的命，自己却重伤住院。他们夸张又完美地演绎了道德仁爱境界在非战争年代的中等发达国家孩子的日常生活中，究竟会怎样表现出来，究竟会以怎样的形式存在。

然而，他们究竟是怎样上升致道德仁爱境界的呢？是环境培育了他们吗？当然不是。无论是威尔还是李卡特，其家庭生活环境都乏善可陈，堪称恶劣。

我们只能将其归结为人性：在复杂的人性中，有一部分是与生俱来的美与善的基因，这些始终深种在人类的灵魂里，再恶劣的环境，也只能蒙蔽而无法彻底扼杀这颗强大而神秘的种子。

就像影片中出现的老电影《第一滴血》，本是一部血腥、阴沉的电影，可两个孩子在这样的范本影响下，仿制出的却是一部光明、纯洁、忠诚、可爱的小小杰作。我们甚至不得不说，当友谊之花绽放时，这种童真与美善的力量之强大，甚至足够抵御任何外部势力的侵蚀。

在影片结尾部分，威尔的妈妈摘下头巾，赶走虚伪古怪的领导，与自己的孩子一起欢呼。或许，她从此不再禁锢自己，也不会再禁锢自己的孩子了。无论如何，摘下头巾的那一刻，已经不能不说是童真的又一次伟大胜利。

所以，我们回过头面对现实时，必须看到在生活中，禁锢童年的成年人仍然大有人在。导致这种人类在童年就具有的真挚、忠诚与奉献的品格，随时间的流逝被长期磨损，大多数消失得无影无踪。

如果你发现身边有人具有这样的品质，无论你是成人还是儿童，无论对方是儿童还是成人，都请你向对方投降，并好好珍惜他，好好珍惜这人性中最璀璨的部分。

教育要点

从故事的角度来说，这是一部关于两个孩子友谊的电影；从教育的角度而言，讲述的则是孩子如何在精神引领下结合自身个性而成长的历程。

1. “坏孩子”的坎坷成长路

李卡特，这个在一般人眼中的“坏孩子”，他需要怎样的精神引领呢?

李卡特还没有出生就被父亲抛弃，母亲再嫁后长期住在西班牙，只为孩子买回许多免税的东西。李卡特虽然有母亲，但是没有母亲的关爱，更没有人给予精神的引领。严格说来，李卡特是一个被抛弃的孩子。

当一个孩子感觉自己被抛弃，他一定会想办法引人关注——可惜的是，这些方式往往都是错误的。当他以错误的方式来引起人们对他的关注时，他遭到的只是人们对他更加的疏离或厌恶。就像我们在电影中看到李卡特在课堂上的调皮，不仅没有得到老师的关注，反而被老师推出了教室。也就是说，他干的那么多坏事，其实都是他以错误的方式想获得人们对他关注所致，也导致了同学都认为他和他哥哥都是无赖的结果。

一个严重缺少爱的孩子，在寻找爱的过程中，不管他无意打坏鱼缸，还是耐心地为哥哥做早餐，他的所有行为都遭受严重的压制而没有人理解他、爱他。

他在家庭生活中，唯一可以依靠的人就是哥哥了。虽然哥哥有时命令他为自己做这做那，还不停地抱怨，但他在学校遭受处罚后，是哥哥把他接回家，他受伤后是哥哥而不是妈妈到医院看他，哥哥还为他打电话要求妈妈回来。哥哥像妈妈一样给了李卡特安全感。李卡特爱自己的哥哥，就像爱妈妈一样。所以，李卡特在遭遇困难时，反复提到哥哥可以帮助他，绝对不允许别人说他哥哥的坏话。否则，李卡特不会把骗来的手表送给哥哥当生日礼物，也不会因好朋友说哥哥是无赖而伤心至极，更不会在自己无法回家时，让哥哥把录有自己电影的摄像机带回家去。

没有父亲，母亲名存实亡，只有哥哥与他相依为命，哥哥自然就成了李卡特的精神领袖——他像哥哥一样生活。

只是，李卡特的哥哥也在以错误的方式生活着。这是李卡特不断犯错误的原因之一。

没有任何约束的家庭生活，不仅让李卡特跟着哥哥干了许多坏事，如用录像机在电影院里录《第一滴血》并制作盗版影带，也为他提供了自由发展的可能——有机会自拍电影去参加DV大赛。

李卡特在与威尔拍摄电影的过程中，不自觉地把兰博当成了精神领袖，在电影中扮演兰博上校，不断地复制着兰博的生活方式，利用一切可利用的东西来拍电影，也不管这些行为是不是偷盗或抢夺，只管为我所需、为我所用。同时他变得像兰博一样勇敢，跳入河中救起威尔，还与威尔成为“歃血为盟”的结拜兄弟。进而对以前干过的坏事再无兴趣并讨厌那样的生活，一心只想着自己拍摄的电影，为夺得冠军而异常努力。

李卡特与威尔演电影，不仅在复制兰博的生活模式，他们还在创造着自己的生活模式。

他们在生活中缺少父爱，他们就在自己的电影中不断地要把父亲夺回来，在自己的电影中寻找父爱，不知不觉中让父爱的精神在自己身上体现——兰博爱着兰博之子。在对待法国交流学生的问题上，李卡特与威尔发生了冲突，但他能主动道歉，并主动送回威尔父亲的手表。在威尔生命受到威胁时，他不顾危险地去救威尔，自己却受重伤。他俨然成了威尔的兄长或父亲的角色，不断地在保护着威尔。就这样，李卡特在电影拍摄中，以兰博为榜样，成长起来了，尽管他还有这样或那样的不足。

2. 谁能成为“好孩子”的精神领袖

威尔是大多数父母眼中标准的“好孩子”。他需要怎样的精神引领呢?

威尔生活在一个爸爸病逝，但得到妈妈无微不至的关爱甚至溺爱的家庭环境中。这些带给威尔善良，但也导致他缺乏勇气、胆小怕事。他害怕处罚，被李卡特骗走手表后，还担心李卡特挨打，祈祷李卡特别被打得太重，当他看到李卡特假装挨打后走路都困难的样子，他担心李卡特并送他回家。李卡特强迫他做这做那，他也不敢反抗。

威尔虽然没有爸爸，却有一个以教友名义出现想当他继父的人。这个人不断地在提醒威尔妈妈要对威尔进行精神引领——限制娱乐，限制与教会以外的人交往，甚至不要孩子在教会以外的学校上学。这种精神引领实际是对孩子天性的压制，让孩子变得无个性、无主见、失去自我。威尔的妈妈就是这样教育的结果。因此，这不是威尔需要的精神引领。因而威尔没有朋友，羡慕法国交流生有一大群粉丝当跟班的生活。

威尔自从认识了李卡特和看了《第一滴血》以后，他的生活进入了一

《第二滴血》剧照

种新天地。他跟着李卡特拍电影，也跟着李卡特到商店偷东西。不仅在演电影时，还在生活中以兰博为榜样，自称兰博之子，大胆地寻找父爱，反抗教会的约束，开始了自己的新生活。

在反抗教会的限制上，兰博无疑成了威尔的精神领袖，但兰博的形象无法满足威尔的新生活的需要。所以我们看到，由于被长期禁止参加一切娱乐活动，一旦他开始反抗这种限制进入一种新的生活，没有精神的引领，威尔会变得没有自我约束的能力，过度地沉溺于娱乐之中。我们看到，威尔不仅热衷于拍电影，还沉醉于那种花天酒地的糜烂生活。

威尔在拍电影时，用自己的才能赢得了一批粉丝，又由于没有精神的引领，加之遭受过分的压制，他太过享受这种被捧的感受，指挥他们演电影，视他们为好朋友，因而分不清名利与朋友的关系，分不清什么是真正的朋友，什么是真正的友谊，才与李卡特在对待法国交流学生的问题上发生了分歧，在那群所谓的好朋友的怂恿下，与李卡特打起来，伤害李卡特，致使两人友谊破裂。

威尔在与自己的粉丝们一起拍电影时，遇到了危险，大呼救命。可这群追捧他的人却为了自己逃命，没有一个人来救他，反而是被他伤害了的李卡特来救他。

在李卡特受伤后，在惨痛的经历中，威尔不仅学会了反抗，还学会了怎样对待朋友，学会了珍惜友情，学会了主动寻找伙伴，主动担当起完成拍摄电影的责任，这是送给出院的李卡特最好的礼物。威尔也在完成自己拍摄的电影中成长起来了，成为真正的兰博之子。

3. 成长来自精神的引领

从上面的分析中，我们不难看出：失去家庭教育、过度放纵的孩子，和在家庭教育中过度被溺爱、限制的孩子一样，都会不断地用自己的方式去寻找失去的爱，特别需要精神上的引领。

首先，他们需要勇敢的精神引领。李卡特无论是独自地面对生活，还是独立地拍电影去夺得冠军，他都需要勇敢。威尔要坚持自己的兴趣爱好，就要反抗教会的烦琐约束，同样都需要勇敢。而电影《第一滴血》中的兰博，无疑是一个勇敢者，自然就成了李卡特和威尔的人生镜像，成了他们的精神领袖，引导他们变得越来越勇敢。

其次，他们需要正确对待名利的引领。李卡特为了拍的电影得冠军，不愿意让自己讨厌的人参与，更不愿意自己表演的角色被人替换；威尔过于相信法国交流生的表演技能，坚持要替换下李卡特，而与自己真正的好朋友决裂。他们俩其实都是不能正确把握名利，都不是在享受游戏过程的快乐，而是在追求游戏的结果——得冠军。两人坚持自己的做法不让步，就是都认为只有用自己的方法，才能让电影夺得冠军。他们把结果看得比什么都重要，这就是太执着于名利的追求，太执着于外在的评价对自己的认可，而没有看重自己在拍摄电影中的成长与获得的友谊。这时，《第一滴血》中的兰博，显然不能满足他们成长的需要，不能给予他们精神引领，反而让他们用武力来解决分歧——“丛林法则”成为他们前行的绊脚石，造成友谊破裂并危及生命。

最后，他们需要自由与自律的引领。其实自由与自律是同一概念，都是人对自己的把控能力。对于他们身上的优势，比如丰富的想象能力、卓越的创造能力、善良、有爱心等，这些优点都需要母性之爱，为他们的成长提供安全的环境，才能引领他们更自由地发展；而他们身上的缺点，如参与盗版制作、偷东西、骗人、打架、破坏课堂影响他人学习等，这又需要父性之爱，才能引领他们自律，他们才能自觉遵守游戏规则，才能为世界创造美好而不是给世界带来灾难。显然，《第一滴血》中的兰博，没有成为他们自由与自律的榜样，他们才会因为分歧而大打出手，因以自我为中心而友谊破裂，才会一个被所谓的好朋友抛弃差点失去生命，一个因为救好朋友而身负重伤，痛失参加比赛的机会。虽然他们都在试错中成长了，但是如果有自由与自律的精神引领，也许这样的灾难就可避免（人的生命太脆弱，这样的灾难本应该避免）。

家庭教育的缺失、家庭教育的溺爱与家庭教育的专制，也就是母性之爱的缺乏或过度与父性之爱的缺失，是造成李卡特与威尔身上众多不足的根本原因，这是电影告诉我们的教育意义之一；唯有榜样，才能成为孩子的精神领袖，才能引导孩子精神的不断成长，这是电影告诉我们的教育意义之二；随着孩子的成长，榜样需不断更新，才能适应孩子的成长，才能避免灾难的发生，这是电影告诉我们的教育意义之三。

共鸣共行

请你问一问孩子——

你觉得威尔是好孩子还是坏孩子？李卡特呢？

在威尔和李卡特之中，如果要你选择一个人成为自己的朋友，你会选择谁？为什么？

你身边有威尔或者李卡特这样的伙伴吗？你是怎样和他们交往的？

你觉得自己是好孩子还是坏孩子？为什么？

请你问一问自己——

你给予孩子的，是母性之爱还是父性之爱，还是二者兼而有之呢？

你的孩子年龄越大，社会外界对孩子的影响也越大，你知道你孩子的精神上受到谁的引领最多吗？受到谁的影响最大吗？孩子一般会在什么地方去寻找自己的精神领袖呢？

你给予孩子的，是智慧的爱吗？你在某个方面，能够成为孩子的榜样吗？你能够从电影、书籍、现实生活中，帮助孩子寻找到孩子所渴望的精神力量，从而不动声色地引领孩子成长吗？

唯有对以上问题认真思考，并用行动来回答，我们才不辜负电影的教育意义，电影里悲哀的一幕才不会在我们孩子的身上发生。

相关推荐

推荐影片信息

影片名：《剪刀手爱德华》
导 演： 蒂姆·波顿
编 剧： 卡罗琳·汤普森　蒂姆·波顿
主 演： 约翰尼·德普　薇诺娜·瑞德
黛安·韦斯特　安东尼·迈克尔·豪尔
凯西·贝克
类 型： 爱情　奇幻
制片国家 / 地区： 美国
语 言： 英语
上映时间： 1990 年
片 长： 105 分钟

李西西推荐语

那些外表像魔鬼，而内心温柔纯洁的天使，更需要我们的友善与包容。否则，我们就成了真正的魔鬼。

精彩瞬间

九月份

好学

好奇心，是孩子的天性，也是好学的源头，说明每个人都有学习的本能。

但是，无论从书本中还是从生活中学习的一切，只有经过潜心思考，乃至再三反思，才可能在自己的生命中扎根，成为给人生源源不绝输送养分的智慧。

现代社会是终身学习的社会，好学的习惯，是一个人能够立于不败之地的根本。

智慧比智商重要

——《老虎学艺》

导赏：赵海霞（河北省沧州市青县马厂镇下马厂小学）

影片信息

影片名：《老虎学艺》

导演：矫野松

类型：儿童　奇幻

上映时间：1982年

影片赏析

老虎啊呜自恃身强力壮看不起比他弱小的花猫。但是一番比试之后啊呜大败，于是拜花猫为师开始学艺。花猫非常认真，对啊呜严格要求。在花猫的精心教导下，啊呜进步飞快。剪、跳、扑、纵……学得有模有样。但是随着课程的推进，难度增大了，到了学习爬树技巧时，啊呜有点受不了了。此时，一直躲在暗处的狐狸闪亮登场了，她对啊呜百般赞美说他已经超过了花猫，啊呜越来越骄傲了，更加坚定罢学的信心。然后狐狸又怂恿啊呜恃强凌弱欺负小动物们。花猫阻止啊呜，狐狸又挑拨啊呜和花猫的关系，最后啊呜和花猫翻脸了。师徒俩展开了一场追逐大战。啊呜身大力不亏又学会了很多招数，花猫渐渐处下风……最后花猫爬到了树上——这正好是啊呜没有学会的那一招。啊呜爬树失败掉进了水里，狼狈不堪。

这个故事源自于民间故事“老虎拜师”。老虎拜猫儿为师，猫老师觉得老虎性情凶恶，所以留了一手，没有教会老虎爬树。老虎出师后打算吃了猫老师，却不料猫老师爬上了高高的大树逃过一劫……所以老虎至今不会爬树。

《老虎学艺》剧照

这部动画片富于情趣，孩子们很喜欢。老虎和花猫相似的外貌和相差巨大的形体形成强烈的反差。情节跌宕起伏，时时令人忍俊不禁。

教育要点

1. 老虎啊呜的好与坏

老虎啊呜的典型性：老虎啊呜身强力壮有骄傲的资本，也理所当然很骄傲，骄傲的突出表现首先是不爱搭理人。大家都和花猫打招呼，啊呜却说自己从来不叫人。我们周围是不是有很多这样的孩子呢？其次是拒绝承认自己和花猫长得像——笑话，我堂堂的大老虎怎么能和那小小的花猫一样，太掉价了！呵呵，类似于老虎这样的孩子虽然不懂事但是却挺可爱，因为他很“真”，不掩饰、不做作、不虚伪。所以花猫也并未怪啊呜，我们很多时候也是和花猫一样对这类孩子并不厌恶。甚至觉得没什么关系，小孩子任性不是很正常吗？不过事情可没这么简单……

我们先来说说花猫是怎么折服啊呜的。花猫虽然不够强壮和巨大，但是花猫内功精湛，居然四两拨千斤，轻而易举地打败了啊呜。啊呜愿打服输叩头拜师——这也是这类孩子可爱可教的地方，心地光明，喜怒哀乐都摆在脸上，天真质朴。同时这也是花猫成功的地方，不是用空洞的大道理压人，而是用真本事服人。很多时候孩子不听父母或老师的话，并不是家长或老师的话是错误的。真正的原因是孩子是“具体”的，他们更愿意接受“具体”的东西而不是空洞的道理。我们假想一下花猫给啊呜讲一堆尊老爱幼、长幼有序的道理，甚至干脆背一遍《弟子规》对啊呜有用吗？啊呜恐怕会更瞧不起花猫，甚至干脆扑上去打她。其实“具体”的教育挺简单，比如，你就和他一块儿看看动画片《老虎学艺》就行了。

《老虎学艺》剧照

2. 花猫的得与失

花猫的典型性：在影片中花猫是作为正面形象塑造的。花猫和蔼可亲，有真本事，教艺认真负责……无论是谁都无法否认花猫是非常优秀的。在生活中，花猫这样的老师或家长都会被大家认可。可是优秀的花猫却没能把啊呜教育好。要不是啊呜阴差阳错没有学会爬树这一招，花猫没准就葬身虎口了。亲爱的朋友们这是为什么呢？

我们回顾一下花猫教授啊呜的过程，你会发现花猫好严格啊！啊呜学艺的时候花猫可是极其负责，一点小错也不许啊呜犯，更不许啊呜偷懒。所谓严师出高徒。而且花猫可不光是严格，她还很讲究方式，使用各种道具：野果子啦、小刺猬啦、大山石啦……所以学习过程并不枯燥。花猫根据啊呜的特点组织教学活动，生动活泼的教学方式一直吸引着老虎啊呜。因材施教这一条花猫是真的做到了，所以啊呜的武艺还是练得挺不错，要不然也不会最后搞得花猫狼狈不堪了。难道花猫这样做错了吗？是的，花猫是有错的。她只注重教授啊呜武艺，忽视了对啊呜品性的关注和塑造，通俗地说就是思想教育不到位。我们都知道一句名言："为经师易，为人师难。"就是说做个教授知识技术的老师很容易，做个塑造灵魂的老师很难。作为"经师"，花猫可以得一百分，但是作为"人师"，花猫是不合格的。

我们经常会见一些爸爸妈妈因为孩子没考好而大发雷霆却对孩子的内心世界漠不关心，对于孩子身上出现的很明显的品行问题重视不够。等到终于有一天孩子的心理问题变成性格问题，性格问题变成品性问题，品性问题变成道德问题，道德问题进一步外化为不良行为甚至更为严重的违法犯罪行为时，一切都已经晚矣！就好像啊呜这样一经挑拨立刻恩将仇报形成了我们最不愿看到的"反噬"。

花猫和啊呜之间会走到"反噬"这一步，外因似乎是狐狸的挑拨。但是常言说得好，"苍蝇不叮无缝的蛋"，内邪不生，外邪不入。归根结底是花猫和啊呜的互相驯养没有成功。啊呜没有对花猫产生真正的爱与尊敬。没有达到"亲其师而信其道"的理想境界。啊呜对花猫的服从是建立在怕的基础上。一旦不怕了，也就不再服从了。所以狐狸的挑拨只不过是导火索和催化剂而已。

作为成年人，我们掌握着和孩子交往的主动权，你是打算让孩子因为怕而暂时屈服，还是打算让孩子因为爱而心悦诚服。主动权不在孩子身上，而在我们这些大人身上。

和孩子互相驯养的秘诀是什么，其实说起来也不复杂——爱、智慧、尊重、陪伴。不要光想着花钱报补习班什么的，多陪陪孩子，把自己的时间和精力向孩子倾斜即可。

3. 可怕的狐狸病

狐狸的典型性：作为这部动画片中唯一的反面形象，狐狸给我们留下了深刻的印象。这个家伙躲在暗处，煽风点火，能力不大，能量不小。这是一个典型的小人。小人和君子的区别是啥呢？其实挺简单——"君子成人之美，不成人之恶。小人反是。"花猫是君子，希望啊呜向好的方向发展。狐狸成人之恶，极尽挑拨离间，让啊呜和花猫反目成仇。狐狸这个形象是人类阴暗心理的物化。她在挑拨离间的过程中似乎也没有得到实质的好处。但是她就是乐此不疲，见不得别人好。因为她的名声不好，人缘太差，所以也不希望别人好。我们每个人的心中是不是都有一只狐狸呢？孩子是不是有时候也会有嫉妒眼红的阴暗心理，或者上过狐狸这样的人的当呢？狐狸的花言巧语对于啊呜这样头脑简单、天真质朴的小家伙还是很有蛊惑性的。爸爸妈妈们，要是孩子得了这种“狐狸病”你可千万别掉以轻心，这种阴暗心理一旦变成外在行为不仅会伤害别人，更会伤害孩子本人！

我们回过头再说啊呜。啊呜天真质朴，没什么是非观念，身上既有优点也有缺点。一般的孩子正是如此，他们的成长关键受到周围的环境熏陶。就啊呜本人来说如果教育得当就会多几分侠气，教育失当就会多几分匪气。教育分寸是多么重要的东西！如果花猫再多关心他一点，也许狐狸就不能乘虚而入了。其实，有些时候，我们就差那么一点点。

共鸣共行

请你问一问孩子——

你有没有像啊呜一样因为自己似乎比别人优秀就骄傲起来？几乎每个人都会有自己的长处和短处。所谓“尺有所短，寸有所长，取长补短，相得益彰。”我们不能因为自己有优点就否认别人的优点。既不自卑也不自傲才有利于我们的成长。

亲爱的孩子，你喜欢花猫吗？你希望你的爸爸妈妈和老师怎样对待你？亲爱的孩子，请你相信，爸爸妈妈和老师都是爱你的，也许他们有很多地方令你不太满意，请你好好和他们说出你内心的渴望，可千万不要像啊呜那样做，想想看，花猫该多么伤心啊！

请你问一问自己——

作为父母或老师，你是否曾经或正在因为孩子考试成绩不够理想而粗暴地对待孩子？你是否以“为你好”的名义伤害过孩子？你是否忽视了对孩子的陪伴和关心？希望你学学花猫的因材施教、因人而异、因地制宜。同时也要从花猫身上吸取教训，用有智慧的爱完成和孩子的互相驯养。希望看过这部有趣的动画片后，你和你的孩子能相视而笑……

相关推荐

推荐影片信息

影片名：《愚人买鞋》

导 演：方润南　尤磊

编 剧：方昉

类 型：动画　短片　儿童

制片国家 / 地区：中国

语 言：普通话

上映时间：1979年

片 长：9分钟

李西西推荐语

好笑吗？学习不仅仅是死记硬背，如果没有独立思考，一味迷信教条主义、本本主义，学习反而会让你变成思与行都很奇怪的傻瓜哦。

奋力追逐梦想

——《疯狂动物城》

导赏：梁希（四川省泸州市梓橦路小学）

影片信息

影片名：《疯狂动物城》

导 演： 塞德里克·卡恩　瑞奇·摩尔　杰拉德·布什

编 剧： 杰拉德·布什　菲尔·约翰斯顿

主 演： 金妮费·古德温　杰森·贝特曼

类 型： 喜剧　动画

制片国家 / 地区： 美国

语 言： 英语

上映时间： 2016年

片 长： 104分钟

影片赏析

疯狂动物城是一个食草动物和食肉动物和平共处的奇幻城市。在那里，食肉动物放弃了自己的本性，与食草动物和谐地生活在一起。然而，他们之间巨大的差异却注定了在这个城市里会发生不一样的故事……

小兔子朱迪出生在种胡萝卜、卖胡萝卜的大家族，它有275个兄弟姐妹。按照兔子正常的人生轨迹，朱迪也会在以后的岁月里复制着它父母的生活——种胡萝卜、卖胡萝卜。朱迪却与其他生活在兔子洞的兔子不同，它从小侠肝义胆、爱打抱不平，立志要成为惩恶扬善的警察。

警察工作的性质决定了进入警察学校的都是具有身体优势的食肉动物，兔子朱迪成了疯狂动物城警察学校的第一个食草动物学员。在训练中，朱迪屡败屡练，最终顺利毕业，成为疯狂动物城的第一位食草动物警察。

现实总是残酷的，朱迪初到警局，被分配去完成最轻松、最没有挑战的工作——开罚单。

朱迪心中的梦想可不只是当一个开罚单的警察。在开罚单的过程中，朱迪结识了狐狸尼克，尼克是一只靠施展小骗术谋生的狐狸。误打误撞中，朱迪和尼克开始了他们的查案之旅。他们发现狮子市长将发狂的食肉动物关了起来。朱迪披露了事实，成为英雄。

在盛大的庆功会上，朱迪发表了食肉动物威胁论，引发了尼克不满，因此与朱迪决裂。朱迪的言论也引爆了疯狂动物城食草动物和食肉动物的纷争，疯狂动物城再也没有了往日的宁静。

朱迪很自责，主动卸任警察，回到乡下帮着父母卖胡萝卜。在这期间，无意中发现了食肉动物发狂的秘密。朱迪又返回疯狂动物城，用真诚的歉意挽回了与尼克的友谊。两人再次联手，终于揪出了让食肉动物发狂，企图控制疯狂动物城的幕后黑手。

教育要点

人天生就拥有一颗好奇的心，满满的好奇驱使自己去好学。唯有学习能让我们有能力去追逐自己的梦想。

随着年龄的增长，岁月渐渐侵蚀了我们的梦想。我们不再对这个世界充满好奇，大多数人屈从于现世的安稳，忘记了自己最初想要追逐的梦想。当你没有了好奇，没有了学习的动力时，从某种意义上说，你的人生也就从此结束了。

与《疯狂动物城》中的兔子朱迪相比，我们缺乏对这个世界持续的好奇，更缺乏努力追逐梦想的毅力。

1. 底气从何而来

兔子朱迪从小就立志要成为一名警察，一个食草动物被潜在的规则默认为是不适合做警察的。和所有担忧孩子前程的父母一样，朱迪的父母也想改变朱迪的梦想，想劝说朱迪放弃不切实际的梦想，去过所有兔子该过的生活。

朱迪却不放弃，认为只有内心渺小的人才会觉得什么事都不可能，他坚信自己一定可以成为第一只兔子警察。

从影片中，可以看出朱迪是一只内心强大的兔子，一只小小的兔子何来如此强大的内心？仔细看看，这勇气来自朱迪的原生家庭，来自他的父母。虽然他们也像天下所有的父母一样想劝说朱迪改变那不切实际的梦想，但他们没有强硬地训斥和阻拦，而是循循善诱地讲道理。当所有道理都讲述完以后，朱迪仍然坚持自己的梦想，他的父母做出了支持的决定。他的父母肯为自己的孩子而改变，这是多么幸福的原生家庭。

过于强势的父母往往培养出懦弱的孩子，还不停地埋怨孩子：“我都是一个这么果敢的人，真不知道你怎么没有学到我一点皮毛？”孩子的任何问题其实都是父母的问题。

《疯狂动物城》剧照

朱迪的父母用如水一般温柔的爱包围着朱迪，朱迪在满满的、柔软的爱中成长，因此他拥有一颗果敢而强大的心。他有勇气去奋力追逐梦想，哪怕是在世人眼中如此不切实际的梦想，他都敢于去追逐。因为他心中坚信，不管他追逐梦想的结果如何，他身后永远站着最爱他的父母。

孩子做事的底气不是天生的，而是父母给的。

2. 笨“兔”先飞

有梦想的朱迪真的成为警察学校的第一只兔子学员。可一只兔子，在警察学校是不会平静地生活学习的。

警察学校里模拟的各种训练场景，朱迪一一挑战失败。黄沙满天的大风中，其他体型硕大的食肉动物同学稳如磐石，朱迪却被风卷上高空；热带雨林的藤蔓间，其他臂力过人的食肉动物同学轻松跳跃，朱迪却一下就坠入深谷；寒风卷地的冰川前，其他弹跳惊人的食肉动物同学飞身即过，朱迪却只能望而却步……就连去上个厕所，马桶都是按食肉动物的体型来设计的，朱迪一跳就掉进了马桶里，成了别人嘲笑的落汤“兔”。

追逐梦想的道路从来不是一帆风顺的，就此放弃还是奋力前行？怀疑自己还是挑战自我？

影片中的朱迪作出了值得我们所有人学习的选择。他从此披星戴月、起早贪黑，不停地练习奔跑、跳跃。笨“兔”先飞的他，终于有一天，在奔跑间，曲折迂回超过了河马；在攀越冰川时，以其他同学的头为借力点轻松飞越；在拳击比赛中，借力打力赢过了所有同学……

朱迪以优异的成绩从警察学校毕业，实现了自己的梦想，成为一名警察。

如何奋力地追逐自己的梦想？如何努力认真地学习？如何在落后的情况下去超越别人？影片中的朱迪给我们作出了最好的示范。

在“每月一事”项目中，除了给孩子们讲努力学习的道理，培养其勤奋学习的习惯，观看这样的影片是必要的。因为这样喜闻乐见的影片会直抵孩子的内心深处。想想，小小的孩子不正像影片中小小的朱迪吗？这样的相似性，会更加引发孩子内心深处的共鸣。他们一定会想：哇，原来真的可以。朱迪能做到，我也一定能做到。

好学的种子就这样播下，努力的种子就这样播下……这些种子又伴随着朱迪的成长而在孩子心中成长。

不管在什么领域，走出第一步的那个人总是要经历常人无法想象的困难，但正是因为有了这样的人，才让这个世界变得更加美好。

3. 兔子也是好警察

朱迪去上班了，没有得到梦想中想要承担的工作，而只是被分配去负责开罚单。他想的可不是成天开罚单，那些惩恶扬善的信念始终在他的心中。接到开罚单的任务，他有过沮丧，甚至有些愤愤不平。然而，他的父母给予他的那颗强大的内心再一次发挥了巨大的作用，局长让他一天开出一百张罚单，他奋力完成了两百张。用超额一倍的任务来证明自己可以成为一名好警察，哪怕最后累得瘫倒在床上。

朱迪从未放弃过自己的梦想，不断地奋力追逐自己的梦想。他因为善良地帮助狐狸尼克，而与尼克结缘。两人开始合作查案，去寻找那些食肉动物发狂的原因。

朱迪浑身充满了正能量，尼克遇到朱迪何尝不是一种幸运？本来尼克是靠小小骗术混迹于疯狂动物城的一只狐狸，因为遇到了朱迪，人生由此而改变。开始走向正义、走向奋斗、走向他自己曾经梦想过的方向。

人生得一知己实为幸事，从这里我们可以看出，寻找一个真正意义上的好友是多么重要。一个好学的朋友，会深深地影响着你，一个充满正能量的人也会带给你无限的能量。

朱迪和尼克找到了那些发疯的食肉动物，看似真相大白。朱迪从一个开罚单的警察成为万众瞩目的英雄。在这样的情况下，年轻的朱迪开始膨胀，也开始迷茫。无论是谁突然一下被举到如此的高度，恐怕也是难以泰然处之呀。朱迪飘飘然的同时，发表了食肉动物威胁论，这让本已与他结下深厚情谊的尼克跟他决裂。朱迪看着纷争不断的疯狂动物城，意识到了自己的错误。他放弃了唾手可得的荣誉和光环。朱迪之所以能做出这个决定，是因为他始终清楚地知道自己的梦想是什么，有了这个明确的方向才使得他在短暂的迷失之后迅速认清自己。

看到这里，我们就更清楚地知道了奋力追逐梦想是多么重要，也清楚地知道了，朱迪的原生家庭给了他多么巨大的成长力量。当孩子追逐梦想时，父母默默的支持会让孩子全身充满前行的能量。

朱迪认清自己的同时也意识到了自己的错误，他也短暂地退缩，他退回到兔子洞，退回到了爸爸妈妈身边。在那里，温和无棱的父母就犹如朱迪的充电宝。

而朱迪终将成为一个真正的梦想追逐者，永远不会再退缩了。

朱迪无意中发现了食肉动物发疯的真相，他再一次勇敢地走向尼克，向尼克坦承自己的错误，两人又一次联手，找出了真正的幕后黑手。

《疯狂动物城》剧照

电影看到这里，我们应该明白：唯有梦想才能让人不停地学习和努力，唯有梦想才能让你成为真正的自己。

孩子的梦想也许在你看来并不尽如人意，或不够符合实际，或不能挣来世人眼中的体面，或又太难觉得无法实现……于是太多家长打着为了孩子好的旗号，动之以情、晓之以理地劝说孩子放弃梦想。孩子在放弃梦想的同时，也就放下了好学，放下了学习的动力，放下了前行的目标，那才是真的迷茫。

共鸣共行

请你问一问孩子——

你的梦想是什么？你有没有因为梦想而被别人嘲笑过？你准备为了你的梦想而做些什么？

孩子们的梦想也许会出乎你的意料。随着孩子长大，他们的梦想还可能会变化，那又有什么关系？只要心中有梦，就会奋力去追逐。给孩子鼓励的目光，让孩子能大胆地说出自己的梦想。

不管孩子说出什么梦想，一定不要笑话他。不要认为孩子不懂事，随意地发笑，这是对孩子的不尊重，每一个梦想都值得我们去重视、去认真对待。当有人嘲笑孩子的梦想时，你还应该成为孩子最坚定的后盾。

支持孩子为自己的梦想而努力，朱迪的父母是多么好的榜样，细细地讲清楚事情的利弊，最终的选择权交给孩子。从此就永远站在孩子的身后，激励孩子为自己的选择而努力。

请你问一问自己——

你还记得自己的梦想吗？还愿意为自己的梦想去学习吗？

当年的梦想是什么，又因什么而放弃了？那些曾经以为自己再也不能实现的梦想，看了这部电影后是否又觉得有可能实现了呢？

当孩子在奋力追逐梦想的时候，你也许也该重拾当年的梦想，为梦想而学习。要知道父母努力学习的身影其实就是给孩子最好的示范，比跟孩子交谈一百次都来得有效。担心开始得太晚，是完全没必要的，追逐梦想什么时候开始都不算早，什么时候开始都不算晚。

希望看了这部电影，你能像朱迪的父母一样成为孩子追逐梦想永远的后盾，也能和孩子一起各自奋力实现自己的梦想。

相关推荐

推荐影片信息

影片名：《好奇的乔治》
导 演：马修·奥卡拉汉
编 剧：肯·考夫曼
主 演：威尔·法瑞尔　弗兰克·维尔克
德鲁·巴里摩尔
类 型：喜剧　动画　家庭　冒险
制片国家 / 地区：美国
语 言：英语
上映时间：2006 年
片 长: 86 分钟

李西西推荐语

好奇心是最好的老师。好奇心又是那样的令人快乐。

顺着好奇心的牵引，你会发现我们每个人心里都有那么多的美好！

情义让知识拥有温度

——《山水情》

导赏：顾舟琴（江苏省苏州市工业园区斜塘学校）

影片信息

影片名：《山水情》
总导演： 特伟
导演： 阎善春　马克宣
编 剧： 王树忱
作 曲： 金复载
演奏： 海电影乐团
指 挥： 王永吉
类 型： 水墨动画片　含蓄　苍劲　充满诗情画意
上映时间： 1988 年
片 长： 19 分钟

影片赏析

《山水情》被公认为水墨动画片至今无人超越的典范，其诗一样的气质，悠远清淡的画面已达天人合一的境界。

十四五岁的渔家少年，如花年纪，两颊红润，健美聪慧，独自撑舟往来于江湖之上。一位琴者白衣若雪，长袖飘飘，萧疏隽朗，独坐船头，怀抱古琴，一脸的落寞，微露病容。渔家少年悠扬的笛声响彻于山水之间。

琴者从客船上走下后，耀眼的阳光使琴者感到一阵目眩，昏倒在岸边。琴者被少年扶到茅屋中休养。渔家少年每日打鱼，精心照料病中的琴者。在渔家少年的精心照顾下，琴者的身体渐有起色，美妙的琴音令渔家少年惊异，进而神往。

琴者就这样教授少年抚琴，他的悟性令琴者大为赞赏。寒来暑往，少年刻苦练琴。少年抚琴，琴者垂钓，悠扬婉转的琴声，连水里的鱼儿也被深深吸引。琴者无心垂钓，转头凝望少年，露出赞许的微笑。

琴者与少年在山水间穿行畅游，他们的身影穿行于烟波浩渺间。健康活泼的少年蹦蹦跳跳，琴者则步履滞重，乱石滩前少年轻盈地一跃而过，而琴者则踟蹰不前。琴者站在山巅，怅惘地看着天际。天空中，比翼双飞的两只山鹰不断盘旋。

分别的日子终于来到。琴者突然向少年提出离去，少年大惊，进而扑入他怀里痛哭。琴者抚着少年的头，终于硬着心肠，将琴交与他，少年跪接。琴者寂寞地转身飘下山梁，少年追去，却不能及。于是坐在山峰上弹起了琴者教他的曲子《山水情》。琴者回转，入神地听着。

《山水情》剧照

琴声中，琴者的身影终于渐行渐远。琴者与少年往昔的一幕幕镜头穿插着一幅幅泼墨山水在琴曲中恣意展开，令人回肠荡气。

那浓浓的师徒深情通过名家的古琴独奏表达得无以复加，古朴又不失情趣的民族音乐的运用正是全片的亮点之一。甚至表现师徒的惜别也是通过师父瞧见雏鹰离开母鹰独自展翅翱翔的情景而引出的，这何尝不是一种隐喻和含蓄美？

最后少年的古琴一曲，将动画推向了高潮：融入少年对琴者敬仰和师徒之情的乐声带动着画面变化……

教育要点

1．丰富的人文情怀

《山水情》这部影片虽然没有一句台词，但号称中国动画片之最。这部水墨动画片在国际上也博得了交口称赞，日本动画界甚至称之为“奇迹”。杰出的水墨技法与古琴技艺无不出自大家之手，折服无数中外人士，绝对可以作为划时代的见证。浏览网上对于该影片的评价，好评如潮。

但是网上看到的都是对于动画制作的赞美，对音乐艺术的惊叹，对唯美画面的折服。确实，含蓄、苍劲的《山水情》，在空灵的山水之间更加重了写意的笔墨，相比之下，画功也尤其显得纯熟，其中还大量使用了古琴曲，也大大丰富了这部影片深邃、悠远的人文情怀。

2．深沉的教育思考

作为一位教育界人士，除了深深折服于影片唯美的画面、精湛绘画和音乐艺术，影片引发更多的是对教育的思考。

中国读书之人历来讲求进仕和功名利禄，动画里少年和琴者正好体现了历来中国传统教育中的互相爱戴和尊重，少年勤劳好学、乐观感恩，师徒深情非比一般。

现今社会有些父母及学校对孩子要求过高导致孩子心理上的巨大压力。孩子在学习上产生的紧张情绪以及完成学业的强迫性愿望使儿童在心理上产生焦虑、紧张和厌学的情绪。

再回到影片中，渔家少年熟练地划着小船，打鱼，摆渡，嘴里吹奏着笛子，笛声悠扬，勤劳乐观，对生活充满热情。

琴者晕倒在荒野渡口，渔家少年毫不犹豫，弃船上岸，把琴者带回家中，渔家少年每日打鱼，精心照料病中的琴者。床边的药罐、食物足以说明一切。这是一个多么善良、有爱心的少年。出手相救、毫不犹豫、悉心照顾、热情周到，这一切的一切出于少年的本意，没有任何的要求，也没有任何目的。看到这里相信每一个观众都会被少年的热情、善良、勤劳所感染。我们该怎样引导自己的孩子？有的对孩子一味要求，容不得孩子犯一点点的差错；有的以分数为重，忽视对孩子道德品质的教育；有的对孩子过于包办，不让孩子做任何事情，使孩子没有一点自理和耐挫能力。

回到影片中，琴者在渔家少年的照料下，身体逐渐好转。琴者取出古琴，弹奏一曲，悦耳动听的琴声深深吸引了渔家少年。少年学艺心切，悟性极高，琴者诲人不倦，悉心教导，师徒之情日益深厚。春去秋来，少年刻苦练琴，琴艺大有长进，琴者十分欣喜。画面上，少年潜心练琴，忘记了

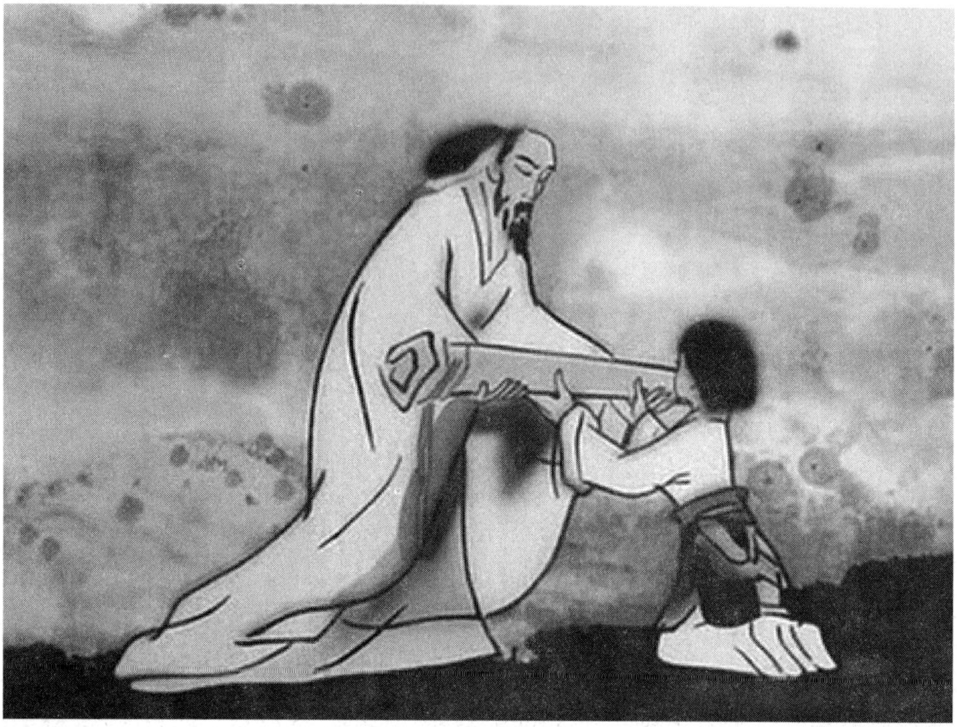

《山水情》剧照

周围的一切，琴声悠扬婉转，正在河边垂钓的琴者，被少年的琴声深深吸引，侧耳倾听，脸上露出欣慰的笑容。正在水里嬉戏争食鱼饵的鱼儿也情不自禁舍弃美食，向琴声飘来的方向游去。这是多么和谐、美妙的画面呀！

悠扬婉转的琴声背后包含多少苦练的汗水。没有任何的逼迫，也没有任何的功利目的，就因为爱好，辛勤劳作过后，潜心练琴，日复一日，年复一年。琴者欣慰的笑脸中包含了多少的满足与欣赏。教育本该如此，和谐美妙、自觉自愿、出于内心、出于本真。

3．浓浓的师徒情感

琴者满心慰藉，但慰藉之余，思虑的是如何使弟子更上一层楼。一日，琴者偶尔看到雏鹰离开母鹰独自展翅翱翔的情景，豁然开朗。于是携少年驾舟准备归去，经大川而登高山，壮美的大自然，使少年为之神往。临别时，琴者竟将心爱的古琴传赠给他。少年为之动容，猛地扑到琴者怀里。此时此刻，每一个观众都为之动容。这是对先生的敬爱以及对知识的尊重，也是师徒情深的深刻体现。

琴者留下衣钵后，独自走向山巅白云之间，飘然而去。少年遥望消失在茫茫山野中的恩师身影，百感交集，顿时灵感涌起，盘坐在悬崖峭壁之上，手抚琴弦，弹奏着心中之曲，倾吐着对恩师深深的思念之情。悠扬动听的琴声在山间不断回响，少年竟达到人琴合一、天人合一之极高境界，层次有了极大的提高。这也正是琴者最后的愿望，他实现了。在这深深的山水之间，悠扬琴声之中，包含了多少师徒之情啊！

4．学琴之道，做人之道

看完此片，不觉泪流满面，深深为之感动。感动少年一丝善举；感动琴师知恩图报，无私传授并找到衣钵传人；感动山水之美；感动琴声之美；感动少年不忘师恩。

这个动画很有寓意，它极力表现了中国文化的所有情怀，有情、有义、有山、有水、有河、有江、有摆渡，正如一幅美丽的山水画一样。学习本该是美好的事情，学艺如此，学术如此，阅读亦如此，如山水那样美好，给孩子乐观向上的动力。乐学、愿学、善学才是理想的境界，高山流水，诗情画意，学琴之道也是学习之道、阅读之道、做人之道。

共鸣共行

请你问一问孩子——

当看到琴者晕倒在渡口，少年毫不犹豫弃船上岸，把琴者救回家，精心照料。如果是你会怎样做？少年小小年纪，每天以打鱼为生，风里来雨里去辛苦吗？在少年身上你学到了什么？

少年的琴声怎么样？他怎样才能达到如此境界？是日复一日、年复一年的勤学苦练，使少年练就了精湛的琴艺。学习亦如此，只有付出努力才会有收获。

琴者为什么要离去？琴者为什么要把这么珍贵的琴送给少年？此时此刻少年是什么心情，琴者是什么心情？

琴者飘然而去，少年遥望消失在茫茫山野中的恩师身影，盘坐在悬崖峭壁之上，手抚琴弦，弹奏着心中之曲，此时琴声中包含哪些情感？

请你问一问自己——

那山、那水、那江、那河、那船、那渡、那琴、那人、那歌、那笛……这一切的一切是那么唯美，简直是如诗如画，如此美好的《山水情》给你什么启示？

相关推荐

推荐影片信息

影片名：《天堂电影院》

导 演：朱塞佩·托纳多雷

编 剧：卡尔·保利　朱塞佩·托纳多雷

主 演：安东娜拉·塔莉　恩佐·卡拉瓦勒
艾萨·丹尼埃利　里奥·故罗塔
马克·莱昂纳蒂等

类 型：剧情　爱情

制片国家/地区：意大利　法国

语 言：意大利语　英语　葡萄牙语

上映时间：1988年

片 长：155分钟

李西西推荐语

“如果你不出去走走，你就会以为这就是全世界。”

学会放电影，接任镇上唯一的电影放映员，就足够了不起了吗？仅止步于此的话，故事无从谈起，世界也就少了一位电影艺术大师。

十月份

感恩

刚刚出生的小马，立刻就能行走。刚刚破壳的小鸡，立刻就能啄食。

可是，刚刚出生的孩子却毫无生存能力。

这一点提醒我们：每一个人之所以能够活下来，都是因为在生命的早期，得到了世界友善的对待。

仅这一点，每一个人就应该学会感恩。

更为奇妙的是，感恩就像一块磁铁，能够把更多美好吸附过来。所以，懂得感恩的人，拥有感恩习惯的人，哪怕人生遇到挫折，最后也终将被幸运眷顾。

为了母亲闯荡前行

——《宝莲灯》

导赏：常瑞霞（河南省焦作市解放区环城南路第一小学）

影片信息

影片名：《宝莲灯》
导 演：常光希
编 剧：王大为
艺术指导：吴贻弓
配 音：姜文　宁静　陈佩斯　徐帆等
类 型：儿童　动画
制片国家 / 地区：中国
语 言：普通话
上映时间：1999年
片 长：80分钟

影片赏析

天宫中的三圣母爱上了人间书生刘彦昌。为了爱情，三圣母不顾二郎神反对，带着宝莲灯私奔下凡与刘彦昌相会。

七年过去了，他们的孩子沉香渐渐长大，和母亲一起过着幸福的生活。清清的湖水上，小小的孩童拨弄着荷花，与欢跳的青蛙嬉戏。母亲的小舟滑过满满的莲花，温馨的时光是小小的沉香心里最甜蜜的回忆。宝莲灯像一盏平平常常的灯摆在船头。

二郎神从宝莲灯的闪光中发现了他们。为了维护天规，他抓走了小沉香，要挟三圣母交出宝莲灯。无奈之中，三圣母只得把灯交出，并被压在华山底下。

沉香从土地神口中得知了自己的身世。胆小但也正直的土地爷在他手心写下八个字：精诚所至，金石为开。这八个字在有月光的夜里熠熠生辉。

在同为人质的部落头人之女嘎妹的帮助下，沉香机智地与护灯秦俑周

《宝莲灯》剧照

旋，夺回了母亲的宝莲灯，逃离天宫，踏上了寻母之路。

他和小猴相依为命，穿越千山万水，走过漫漫黄沙，乘风破浪，前方是光明与未知。在日出时踏上旅程，迎着烈烈旭日，晚上住在漆黑的山洞里，征途中，磨难重重：鬼城、荒漠、怪石诡异多端；雪崩、地裂、沙暴恐怖惊人。这一切都没有磨灭沉香的救母之心。幼年的沉香在经历了种种险遇之后，终于达到了天人合一的境界，成长为一个英勇的少年。

孙悟空为沉香的执着所感动。但他不教沉香武功，他让救母心切的沉香醒悟，光靠打架的功夫是救不出母亲的。最后，孙悟空向他重述：精诚所至，金石为开。

在孙悟空的点拨下，沉香带着小猴和白龙马直奔火山，他在嘎妹和部落人民的帮助下，推倒了二郎神的石像，铸成了神斧。沉香举起神斧，与二郎神决一死战。他越战越勇，令二郎神难以招架。激战中，二郎神屡施毒计，欲将沉香置于死地，并抢夺宝莲灯。在这千钧一发之际，宝莲灯突发金光泻进沉香体内，与沉香合而为一，终于把二郎神打败。云开雾散，大地回春，沉香劈开华山，救出母亲，母子终于相会。

教育要点

1. 母爱的力量

清清的湖水上，小小的孩童拨弄着荷花，与欢跳的青蛙嬉戏。母亲的小舟滑过满满的莲花。这温馨的、充满爱的时光给小小的沉香心里满满的爱。一个孩子，在他的幼年时期，一定要得到足够的爱。这种爱会教孩子学会善良、学会勇敢、学会坚强。

电影的开始给我们展现了沉香幼儿时期妈妈给他的这种爱。这种爱让沉香在来到人间这个环境之后能够不忘初心，心怀大爱。在街头，沉香饥饿难忍，但面对滚到面前的大饼，他没有捡起而食之，而是忍住饥饿帮老婆婆捡起来，并还给老婆婆，老婆婆作为奖励送给沉香之后他才食用。

母亲给予的爱，就是如此强大，它会涌现出无穷无尽的动力。沉香虽然会被大魔法师欺骗，但有母爱支持，他继续前行；他被哮天犬追赶，依然护着宝莲灯；他历尽千辛万苦，寻找孙悟空；他战胜不可战胜的困难，炼成大斧，战胜二郎神，救出母亲。

《宝莲灯》剧照

足够的爱会给孩子足够的力量，所以七岁之前的母性之爱会让孩子有安全感，会让孩子形成良好的品德。

2. 父性之爱的关照

沉香打败二郎神，救出妈妈的另一个原因是有父性之爱的关照。

影片中的土地公公，是沉香成长道路上的支持者，他一直在暗中默默地关注着沉香的成长。他为沉香指出努力的方向，他赐予沉香努力的方法——在沉香的手心里写下“精诚所至，金石为开”。正是这句话成为沉香前行的动力，任何艰难险阻都挡不住他前行的道路。

孙悟空是沉香又一个前行道路上父亲情怀的引导者。他不教沉香功夫，却教他做人的道理。正如《论语》中所言：“弟子入则孝，出则悌，谨而信，泛爱众而亲仁。行有余力，则以学文。”学到了做人的道理，沉香就可以精心炼出利斧，就可以学到打败二郎神的功夫，就可以劈山救母，就可以成长为真正的男子汉。

对于沉香的成长，土地公公更有母亲情怀。他希望孙悟空能早点帮助沉香。他担心万一把沉香磨炼出个三长两短该怎么办。具有父亲情怀的孙悟空说：“小忍成人，大忍成佛。”就像孙悟空随唐僧西天取经一定要经过九九八十一难，少一难也不行。沉香成长道路上的磨炼是必不可少的。孙悟空还告诉沉香：“没有人可以代替你，只有靠你自己。”

正是这样的关爱与磨炼，让沉香有了勇气、胆量、胸襟与气度。沉香在面对强大的二郎神时说：“人和神是平等的！”他不惧怕强势、强权，有战胜困难的信心与勇气。他终于打败二郎神，与母亲团聚，成长为一个真正的男子汉。

共鸣共行

请你问一问孩子——

孩子，你是不是觉得爸爸妈妈对你的要求不是爱？你是不是对爸爸妈妈对你的要求感到郁闷、烦躁，甚至伤心呢？

当你看完这部电影之后，你一定能从沉香身上汲取能量，正确看待爸爸妈妈对你的要求，从爸爸妈妈对你的要求中获得向上的力量。你一定能像沉香一样，不怕困难、不惧挫折、不畏强暴，有战胜任何困难的信心与勇气。

孩子，爸爸妈妈对你有满满的爱，让父母的爱助你前行，伴你成长……

请你问一问自己——

作为孩子的妈妈，你是不是也像三圣母一样，给了孩子足够的爱呢？在孩子面对困难时，遭遇挫折时，少几分唠叨与埋怨，多一些关心与鼓励。作为孩子的爸爸，你是不是也像土地公公和孙悟空一样，给了孩子精神上的力量呢？在孩子犯错误时，与人发生争执时，少几次愤怒与打骂，多给予精神上的支持。希望看了这部电影，我们能认真反思自己，我们在教育孩子时存在什么问题？我们有没有给孩子真爱？我们有没有教给孩子真正的智慧，让他们学会做人与做事？让我们从电影中汲取力量，成为孩子成长的有力助推器！

相关推荐

推荐影片信息

影片名：《龙牙星》

导 演： 方润南

编 剧： 肖甘牛

类 型： 动画片

制片国家 / 地区： 中国

上映时间： 1981年

片 长： 20分钟

李西西推荐语

天没有塌下来，反而从此挂满数不清的漂亮星星，这可要感谢大石头、感谢山哥、感谢小龙、感谢老熊王和他的三个女儿哦。

我们每个人都来自偶然，像一颗尘土，感恩父母、感恩集体、感恩国家、感恩世界……天大地大，心存感恩，无限美好！

智慧爱教会孩子飞翔

——《小飞机》

导赏：李西西（新教育研究院新阅读研究所）

影片信息

影片名：《小飞机》
导 演：塞德里克·卡恩
编 剧：吉尔·马尔尚
主 演：罗密欧·波扎利斯
伊莎贝尔·卡瑞
文森·伦顿
类 型：儿童　奇幻
制片国家/地区：法国　德国
语 言：法语
上映时间：2005年
片 长：100分钟

影片赏析

男孩查理想要一辆脚踏车。爸爸皮耶承诺在圣诞节时送他一辆脚踏车作为礼物。查理开始日夜期盼圣诞节和脚踏车的到来。

然而爸爸在圣诞节晚归，爸爸带来的不是脚踏车，而是一架爸爸自己小时候喜欢的白色小飞机。

这就是电影一开始，查理遭遇的状况：他被他的爸爸“骗”了。一直期待在圣诞夜得到梦寐以求脚踏车的查理，盼啊盼啊，盼来了爸爸，却没有盼来脚踏车。

希望越大，失望也越大。没有盼来脚踏车的查理，并不怎么喜欢小飞机。

查理毫无掩饰地表现出失望，这深深地伤了爸爸的心。尽管爸爸不太准时，又很马虎，可他毕竟秉承着东方三博士的传统，给查理准备了美妙可爱的礼物。

伤心的爸爸在临走前留下字条，一定在他生日时送他脚踏车。

不久，身为飞行员的爸爸皮耶在执行任务时不幸遇难。查理放学回来后，得到了爸爸意外身亡的消息——爸爸没有了，只留下悲伤的妻子凯瑟琳和儿子查理相依为命，小飞机成了爸爸留给自己最后的礼物。

查理不再执着于脚踏车，他把对爸爸的感情寄托在小飞机上。

查理开始思念爸爸，每晚抱着爸爸送给他的小飞机睡觉。不过他却发现，这架飞机竟然能够自由飞翔……

意外发生之后，小飞机被送到了一个戒备森严令人恐惧的研究所。看起来很软弱的查理，居然勇敢地救出了小飞机，来到了遥远的海边，在那里、在梦幻中、在意外中死去的爸爸似乎又复活了。而且，妈妈和查理的朋友也在小飞机的帮助下来到了查理身边，一切都是那么美好……

这是一个舒缓、梦幻又真实的故事。查理在失去爸爸之后，在睡梦中也要抱着爸爸留给他的小飞机，那情景不能不令人动容。

教育要点

我们身边，无论是独生子女所表现出的骄纵，还是留守儿童所表现出的冷漠，对照影片里的世界，这种反差都值得我们反省。

1. 何谓感恩

亲人给自己某种承诺，却没有如约践行。比如“世界十大谎言”之一的“压岁钱都帮你存起来……”或“考了100分就带你去迪士尼乐园”，相信很多人都会有类似的经历，并且在童年时会为此愤愤不平。可当我们变成大人之后，我们开始学会宽恕，学会感恩——因为我们自己也开始这样做。

事实上，这并不是真正的感恩。看似设身处地，实则是一种妥协。感恩本质上是一种单纯善意的情感。我们更多地应该感恩他人给自己带来的美好，而不是把感恩作为自己的失信、懒散等行为的借口。

在影片里，男孩查理的这样一种感恩和眷恋为什么令人动容？因为这种美好的情感是孩子式的，不掺杂任何的异质。对于处在独生子女和留守家庭的特定境况下的少年儿童，这种情感尤其需要珍视和保守。

在“每月一事”项目中，除了让学生学会主动地对父母和家人说“早上好”“晚安”，和爸爸妈妈一起做些家务，在社区里做义工，帮助弱势人群等等，在这些行动的表象之后，我们需要的是培育一颗深情、易感的心。只有这样的心，才懂得感恩，才会在前行中汲取更丰沛的力量。学会感恩、体验美好、践行美好，才会有可能去寻找生命的意义。

让孩子多看看类似于本片一样真挚美好的电影，是最简便的方式。

2. 礼物的真正意义

电影以小飞机为题，很显然小飞机在电影中的教育意义不可忽视。

小飞机，是爸爸皮耶送给儿子查理的圣诞礼物，也是最后的礼物，更是帮助生命成长的礼物。

爸爸答应了儿子要送他脚踏车，为什么又变为送小飞机呢？一是爸爸小时候就非常渴望有一架这样的飞机；二是爸爸觉得脚踏车太普通，太常见，而小飞机又“炫”又少见；三是爸爸亲手制作的，且是花大工夫才在圣诞节前赶做好的。

在爸爸看来，这是一件非常好的礼物，可为什么让儿子查理感到非常失望呢？我们在电影中看到，一是原来的脚踏车已经太小，查理在与同伴的玩耍或比赛中，不能与伙伴们并驾齐驱，总是被伙伴远远地甩到后面，因而非常沮丧与失落，迫切地希望有一辆脚踏车；而一架没有动力的飞机，什么也不能做，不能让查理在同学们面前“炫”一翻，反而被同学们

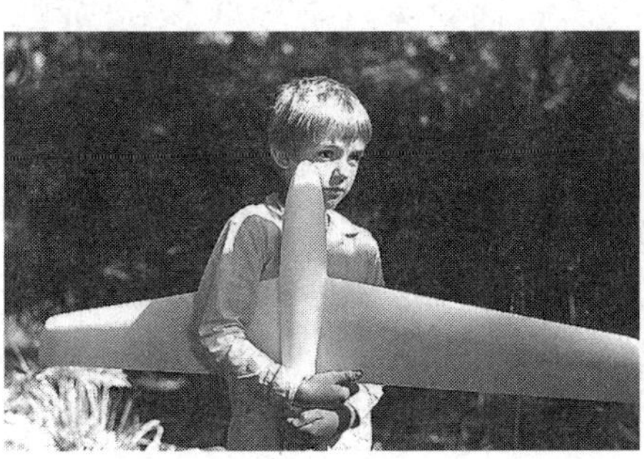

《小飞机》剧照

捉弄，更不能抚慰查理失落的心。

什么才能成为礼物呢？就像圣埃克苏佩里在《小王子》中说的那样："它是披星戴月走了许多路才找到的，是在辘轳的歌声中，经过我双臂的努力得来的。它像是一件礼物慰藉着心田。"礼物既要经过自己的努力得来，又能慰藉收到礼物者的心田。

可是，小飞机虽然是爸爸经过努力才在圣诞节前制作好的，但它不能慰藉查理的心田，从这个意义上来说，在爸爸去世之前，对查理来说，这架小飞机并不是自己需要的真正的礼物。小飞机在爸爸看来是非常好的礼物，却没有成为查理认可的礼物——电影的教育意义就在于此。

看完电影，我们必须意识到，我们觉得好的东西，孩子不见得觉得好；如果我们觉得好的东西，就非要孩子接受，让孩子也当成好东西来对待，也许会给孩子带来灾难。书法、歌唱、舞蹈、器乐、棋艺、奥数、武术……哪一样不是好东西啊，但当我们一起塞给孩子时，还是好东西吗？有些孩子的课余时间，被父母"送给"的各种各样的兴趣班培训占满了，完全没有自己自由支配的时间。这难道不是灾难吗？我们小时候渴望的东西，不见得就是现在孩子们渴望的东西；我们渴望实现的梦想，不见得就是孩子们渴望实现的梦想。因此，千万别把自己的梦想寄托在孩子身上，否则就有可能把我们美好的梦想，变成压在孩子们身上的沉重负担。

我们给孩子好东西，还要考虑孩子当下的心理需求，要考虑这样的好东西，对孩子的心灵能否抚慰。否则，孩子们就会像查理一样感到失望。那些不让孩子输在起跑线上的自以为对孩子好的"虎妈虎爸"们，他们不正是在做着让孩子感到失望并深受其害的事吗？那些经常出差、或常年在外，不能陪伴孩子的父母，总将自己喜欢的物品送给孩子，以弥补对孩子的亏欠，可孩子们一点也不喜欢，他们哪里知道，孩子需要的是陪伴、交流与精神引领。有些父母送的东西越多，孩子们越是不领情，与父母越是疏远，甚至成为住在一个屋檐下的路人。

小飞机什么时候才真正成为查理的礼物呢？

爸爸去世后，妈妈因过度悲伤，甚至不愿意再看爸爸留下的用品，无暇顾及查理的生活，反而是查理关心悲伤与劳累的妈妈……孤独的查理更加思念爸爸，拿出了爸爸留给自己的便条，读着爸爸最后的留言，发现爸爸送给自己的小飞机从高大的衣柜上飞到了卧室的地毯上，查理把小飞机抱在怀里，像抱着爸爸一样安然地入睡。至此，小飞机才真正成了爸爸送给查理的礼物，它慰藉着查理思念爸爸的心。

3. 智慧爱引领孩子成长

第二天醒来，查理又发现小飞机自己飞回到高大的衣柜上去了。电影围绕查理对待小飞机的态度，再一次显现了它的教育意义。查理要把自己的小飞机会飞的喜讯告诉爸爸，想知道爸爸在哪儿。妈妈用不同文化、不同宗教的观点理性地解答了查理的问题。这个看似正确的回答，却是查理用飞机去寻找爸爸的直接原因。而为了查理的安全，妈妈采用了强行隔离的办法，甚至还把小飞机交给了查理爸爸研究所的同事，反而让查理陷入了更加危险的境地。

在小飞机的引导下，妈妈找到了已经昏迷的查理，带着查理和查理的小飞机，到了与爸爸曾经幸福生活过的海边小屋。在这里，查理找到了自己丢失的小飞机，虽然小飞机已经坏了，虽然不能用小飞机找爸爸了，但妈妈告诉他，想对爸爸说的话，他一定能听见……

这样看似不理性的做法与说法，却让查理找到了“爸爸”，知道了爸爸永远爱自己，会永远守候自己，只要望着天上，就知道爸爸在想自己；查理还知道了爸爸永远爱妈妈，自己需要回到妈妈身边，在妈妈身边长得又高又壮……查理从失去爸爸的悲痛中回到现实，按爸爸希望的那样，真正成长起来。

从这里我们可以看出，理性的回答、科学的道理经常不能解除孩子的心理危机，不能满足孩子的心理需要，更不能抚慰受伤的心灵；那种以爱的名义来进行的强制做法，不仅不能帮助孩子解除心理危机，反而会制造更大的危机；我们只有尊重孩子的心理需要，满足他们的心理渴望，他们才会放弃那些给自己带来危险的东西，如查理埋葬掉小飞机一样，回到现实生活中担当起自己在妈妈身边长大的责任来。

查理能从强烈思念爸爸的悲痛中回到现实，是妈妈给予查理智慧爱的结果。所以，电影的又一个名字是《爱的飞翔》，是爸爸的爱，留给了查理成长的契机；是妈妈的爱，带着查理真正成长从而飞翔起来。

共鸣共行

请你问一问孩子——

你有没有因为盼望的事物最终没有拥有，而沮丧、难过、甚至生气呢？这种感觉很正常，每个人都会有。不过，要想快乐，还是必须尽快抛弃这些不良情绪。请你看一看你已经拥有的事物，从这些事物中寻找它们的价值和意义，说不定也会像发现小飞机真的会飞一样，给你一个大大的惊喜呢。

你在看这部电影的时候，是否也会想起自己思念的人呢？请相信，你思念的人，无论何时，他都在守候你，都和你在一起！虽然我们暂时看不到他，虽然我们听不到他的回答，但你想对他说的话，他一定能听见。当你望着天上的时候，你就知道他也一定在想你。像查理回到妈妈身边长大一样，也请你回到现实中的亲人身边，继续坚强地成长吧！

请你问一问自己——

作为孩子的父母或者老师，你是否也曾经有过对孩子的失信与强制呢？你是否也曾经自以为科学理性地回答孩子的问题，而没有考虑孩子的心理感受呢？你是否也在把自己认为好的“礼物”强加给孩子呢？希望看了这部电影，你能反思自己，像查理的妈妈一样，学会智慧爱，让孩子在智慧爱中长大，让你的爱带着孩子真正地飞翔起来。

相关推荐

推荐影片信息

影片名：《漂亮妈妈》

导 演： 孙周

编 剧： 刘恒　孙周

主 演： 巩俐　施京明　吕丽萍　雷恪生　林清等

类 型： 剧情

制片国家 / 地区： 中国

语 言： 普通话

上映时间： 2000年

片 长： 90分钟

李西西推荐语

妈妈的爱，永远不能忘记，我爱妈妈的一片衷心，开出这世上最美的花！

不虚度此生

——《心灵捕手》

导赏：高丽霞（山西省运城市人民路学校）

影片信息

影片名：《心灵捕手》
导 演：格斯·范·桑特
编 剧：本·阿弗莱克　马特·达蒙
主 演：马特·达蒙
罗宾·威廉姆斯
本·阿弗莱克
斯特兰·斯卡斯加德
明妮·德里弗
类 型：剧情
制片国家／地区：美国
语 言：英语
上映时间：1997年
片 长：126分钟

影片赏析

电影《心灵捕手》在1998年奥斯卡颁奖典礼上一举荣获最佳电影、最佳男演员、最佳导演等9项大奖，票房收入超过2亿美元。影片主角威尔，是一个桀骜不驯，却又绝顶聪明，极具数学天赋的小伙子。他成长于波士顿南区贫民窟，在麻省理工学院担任清洁工作，业余时间便与三位好友在酒吧喝酒、泡妞，戏弄哈佛的“聪明学生”。

数学系菲尔德奖章获得者蓝勃教授先后给自己的学生出了两道非常难解的题，希望他们能够挑战一下，但始终没有人能够解答。威尔在清扫楼道的时候发现了，并轻松地解答了出来。

蓝勃教授发现并找到了数学奇才威尔，但他却因打架袭警被法庭宣判送进看守所。爱才心切的蓝勃以要求威尔参与数学研讨与心理辅导为前提，将他保释出来，希望他能够打开心结，找到自己的人生目标，不要浪费自己的数学天赋。

威尔包裹着曾经的伤害，极力回避问题，对心理辅导毫不在意，经常要弄前来为他辅导的心理专家，使他们无计可施，最终以失败告终。无奈之下，蓝勃求助于他大学的好友，心理学教授尚恩，希望他能够开导并救助前途岌岌可危的威尔。

尚恩与威尔相遇，同样受到了威尔的心理抵御以及羞辱。但尚恩没有放弃，而是用充满哲理的耐心启发、春风化雨般的真诚交流、触动心灵的无私关爱，让威尔不断逼视自己，走出童年受虐的阴影，尝试着与他人建立亲密、信任关系，逐渐自我揭露出对知识求问、人际互动、爱情探索、人生信念以及亲情伤害等一系列的心理过程。

尚恩日渐抚慰了威尔受伤的心灵，使他打开心结，再度审视自己，听随内心的声音，重拾人生希望，用全新的自己去拥抱爱情与生活。

教育要点

影片最后的画面定格在：威尔驾驶着三位肝胆相照的好友赠送给他的21岁生日礼物——一辆由各种旧零件装配起来的汽车，在远山晨曦的掩映下踏上崭新的旅程。此刻，每一位观看影片的人都会倍感欣慰。迷途的孩子找到了回家的路，找到了生活的意义与价值，这是多么美好的一件事情。

画面再回到威尔的出场，一副叛逆不羁、无所追求，和几位不良少年在一起喝酒泡妞、打架滋事，偷盗袭警的猖狂而不自信、敏感而不理性的“小流氓”形象。同时影片又赋予了他传奇的色彩，博览群书、思维敏捷，有着无人能及的数学天赋，麻省理工教授们两年才解出的数学题，他只需要思考片刻就能解答出来。就是这样一个少年，完全可以凭借自己的聪明天赋成为哈佛、麻省的奇才学子，但他只是一名麻省理工学院的清洁工。他最喜欢做的事情就是去哈佛大学，三分钟摆平一个“笨蛋”。

1. 家庭教育是人生幸福的底色

看到威尔，我们一定会想，是哪里出了问题？这个问题男孩是怎样形成的？我们不会忘记威尔扑到尚恩怀里痛哭的情景，那个受伤自责的孩子，哭得是那般真实、那般彻底，令人疼惜，又令人欣慰。

原来威尔被父母抛弃，后来4次被送人寄养，其中3次被严重虐待。

生活在波士顿南区贫民窟的痛苦经历，使得威尔形成了童年的创伤阴影。他的内心是脆弱的，害怕别人厌恶自己，害怕被人抛弃，害怕别人看到自己的不完美。所以他拒绝爱他的女友，以各种方式羞辱心理医生，在无人发觉的情况下偷解数学题，经常戏弄一些哈佛学子，而威尔这些自我防御意识过强、缺乏自信、敏感冲动的性格都与自己的身世及家庭教育有关。被人抛弃、受人虐待使他有了认知障碍、情感障碍，甚至人格障碍。在他的心里，甚至觉得所有的事情都是自己的错。已经20岁的威尔始终没能走出家庭虐待的心理阴影。

此刻，我们不得不反思，家庭教育方式和家庭自身环境对一个人的成长影响是多么深远。作为教育工作者，我们每天都会面对着各种类型的学生。有的孩子特别敏感，容易攻击别人；有的孩子特别内向，容易被人忽视；有的孩子行为不检，经常动别人的东西；有的孩子不爱学习，天天不完成作业；还有的孩子拉帮结派、打架斗殴……

他们和威尔一样，虽没有威尔的数学天赋，但问题的产生一定是有原因的。我们不能把这些问题直接定性在孩子本身。正如尚恩所说："这不是你的错，这不是你的错，这不是你的错……"是的，这些都不是孩子们的错，在问题的背后，孩子们的内心一定受到过一定的伤害。这些伤害来自哪里，我们如何去帮助他们，这才是每一个教育者应该思考的问题。因为，我们知道，他们更需要我们的关心与帮助。

2. 彼此信任是直抵心灵的钥匙

生命中有很多的偶然性，又充满了必然性。蓝勃教授惊叹于威尔的数学天赋，认为他是一个不可多得的数学天才，很有可能是下一个爱因斯坦。爱才心切的他把威尔从看守所保释出来，并一次又一次进行心理辅导。在几位心理医生无计可施，放弃威尔时，尚恩出场了。

第一次会面，威尔通过观察尚恩创作的一幅画，判断尚恩娶了一个"错误的女人"，一番谈话后激怒了还沉浸在丧妻之痛中的尚恩。尚恩暴怒，冲上去掐住威尔的脖子并威胁说："如果你再这么说，我会杀了你。"威尔之所以这样做，就是为了中断心理辅导。但令他没有想到的是这个被刺痛的男人，答应继续给他做治疗。这与前5名心理医生的表现截然不同，他们都中了威尔的招数，中断了和他的关系，而尚恩不但没有中断关系，反而是选择真诚袒露自己的心声。

第二次会面，威尔的世界又一次被颠覆。威尔总是将聪明用在攻击上，并以自己的聪明为自豪的资本。但是尚恩对他说："看到你，我没有看到自信聪明，我看到的是一个被吓傻的狂妄孩子。"因为尚恩明白，威尔的狂妄自信，不过是对痛苦的防御罢了。这种防御是一堵墙，令威尔只敢与书本建立关系，而不敢与世界直接建立关系。因此尚恩说了一段震撼人心的话语：你如数家珍地评论米开朗基罗的作品，却没有西斯汀教学的气味；你胡乱地提出有关女人的偏好谬论，却说不出在女人身旁醒来的幸福心情；你随意引用莎士比亚的诗文来谈论战争，却从未参加过战役……尚恩用刻骨铭心的生命体验向威尔发出了邀约："我不能靠任何书籍认识你，除非你想谈自己，谈你是谁，那我就着迷了，我愿意等你倾诉。"

接下来的两次会面，威尔长时间的陷入沉默。威尔沉默，尚恩也一样沉默着。终于，在玩了很长时间的"瞪眼游戏"后，威尔终于敞开心扉，谈了自己的爱情，道出了自己的困惑。随着治疗的深入，威尔与尚恩已经建立了很深的信任。同时，威尔的事业也貌似进入一个高潮，蓝勃教授正接二连三给他介绍优裕的工作。

最后一次会面，是威尔在尚恩的治疗室里，尚恩拿着他的卷宗，看到他的种种问题和受虐经历，对他一遍一遍地说："这不是你的错，这不是你的错，这不是你的错……"终于威尔的心理防线崩溃了，他扑在尚恩的身上，紧张地抱着尚恩，失声痛哭，任泪水肆意横流。那一刻，威尔就像一个无辜

《心灵捕手》剧照

的孩子，把满腹的委屈都哭了出来；那一刻，威尔的心得以洗涤、得以拯救。

之所以这样长篇幅地细说治疗的过程，就是想给我们教育工作者更多的时间去思考。面对班级里的问题学生，我们是否像尚恩一样，给予学生极大的宽容，更多平等的自由，让他有机会表达自己的想法？我们是否也能像尚恩一样，敞开心扉，坦诚相对，用心与学生对话？我们是否也能用自己的经历，去获得学生的信任，让偏离轨道的他们回到希望的道路上来？信任是教育的前提，唯有与学生建立信任的关系，我们才能走进他们的内心深处。我们需要给予他们成长的空间，耐心等待他们慢慢长大，坚定地带领着他们去走向自己真正想到的方向。

特别是青春期的孩子，正处于叛逆期，对于外界的事物缺乏足够的认识，对自我的认识也处于形成期。这一阶段，最容易出现各种极端事件。弗兰尔认为，人是具有内在意义的精神存在物，其存在的合理性在于对存在的意义与价值的追求。因此，人生是一种任务和使命。如果一个人无法搜寻到生活的意义与价值，他势必沦入 种存在的空虚感，宛如一只遗弃在海边的蚌壳，终被时间无情地蚀化。

作为教师，一定要对孩子生命的意义加以引导，不断地帮助他们找寻自身的意义与价值，从而树立正确价值观与人生观。这样的行动，也让教师自己不虚度此生。

共鸣共行

请你问一问孩子——

出生，意味着什么？出生意味着每个人携使命而来。知命，又是什么？是明白了使命，并视之为归宿。亲爱的孩子，你现在是一种怎样的状态呢？你是一个聪明绝顶、桀骜不驯的孩子，还是资质平平、默默无闻的孩子？你是一个打架滋事、不爱学习的孩子，还是一个品德优良、成绩优异的孩子？无论你现在处于怎样的境地，希望你能问问自己：你是谁？你从哪里来，要到哪里去？我们要慢慢地思考自己的人生，不断地叩问自己：我的人生价值在哪里，我内心真正的想法是什么，我是不是一直在遵循自己内心的声音？另外，如果有任何心理的困惑，要学会寻求帮助，寻找值得你信任的人，并向他倾诉，而不是一味地压抑自己，从而影响自己的人际交往，影响自己的价值观，甚至可能影响自己的人生选择。要勇敢地面对自己，正视自己的内心，寻找一位值得信任的导师，释放心灵；寻找一位值得学习的榜样，超越自我。

请你问一问自己——

我是谁的尚恩？谁又是我的尚恩？在平日的班级管理中，我们班级里有没有类似威尔的孩子，他的内心承受着怎样的孤独，他的心灵承受着怎样的伤害，他是否也是非常另类，与班级同学不能融为一体，常常惹是生非，令人头疼不已。或许他不及威尔聪明，或许他不讨人喜欢，但他是一个生命，我们必须要尊重他、理解他、帮助他，让他能够感受到爱，感受到信任，从而获得一种安全感。这样的孩子，在生命成长中已经因为种种原因很是不幸，使他们在自负与自卑的矛盾纠结中不敢直面自己，以至于给自己穿着厚厚的盔甲。而我们，需要像尚恩一样，去治疗他们，去抚慰这些受伤的心，在帮助他们找寻意义与价值的时候，其实我们也体会到了自身的意义与价值。

相关推荐

推荐影片信息

影片名：《海洋天堂》
导 演：薛晓路
编 剧：薛晓路
主 演：李连杰 文章 桂纶镁 朱媛媛 董勇
类 型：剧情
制片国家/地区：中国内地 中国香港
语 言：普通话
上映时间：2010年
片 长：106分钟

李西西推荐语

海天遥遥，父爱深深，讲述普通人平淡平凡的生活，却令人无法平静。一切因爱而伟大。

精彩瞬间

十一月份

自信

信心，那是可以把渺小变成伟大的力量，能够让普通的生命书写出奇迹般的篇章。

那甚至是拯救人的一种力量，能够让人在逆境之下逆风飞扬。

一个乐观的人，容易产生自信。一个勇敢的人，容易检验自信。一个有担当的人，容易体现自信。

自信，是心灵深处的小太阳。养成自信的习惯，就能让自己的人生的路上，沿途都洒满阳光。

每个人都是主角

——《大闹天宫》

导赏：孙薛莉（山西省运城市绛县第一实验小学）

影片信息

影片名：《大闹天宫》

导 演： 万籁鸣　唐澄

编 剧： 李克弱　万籁鸣

主 演： 邱岳峰　富润生　毕克　尚华　于鼎

类 型： 动画　奇幻　家庭

制片国家 / 地区： 中国

语 言： 普通话

上映时间： 2012年

片 长： 106分钟

影片赏析

猴王孙悟空在花果山水帘洞过着自由自在的生活。因拿了龙王的镇海之宝——如意金箍棒作为自己的武器，被龙王告上天庭。玉帝派太白金星下凡去请孙悟空上天做官。太白金星想了一计：将孙悟空骗上天庭。明为封了一个弼马温——一个管理喂养天马的小官，暗中则压制他。孙悟空去了天庭，他以为这个官很大，后来知道这个官连七品都不如，就怒气冲冲地回了花果山，自封“齐天大圣”。

这就是电影一开始，孙悟空遭遇的状况，当明白真相的孙悟空返回人间自封“齐天大圣”后，玉帝很愤怒，于是命李天王带领天兵天将捉拿孙悟空。然后，在花果山的上空，展开了一场激烈的战斗。

孙悟空奋勇杀敌，众天神纷纷战败。哪吒出战费了九牛二虎之力也敌不过他。天王没有办法，就逃回天庭，向玉帝请求增兵。

于是，玉帝接受太白金星的计谋，假意封孙悟空为“齐天大圣”，并将蟠桃园交给他掌管，想把他骗来，困在天上。

在得知王母娘娘设蟠桃宴，请了各路神仙，唯独没有请他后，猴王火冒三丈，大闹瑶池，打得杯盘狼藉。他独自开怀痛饮，又吃了太上老君的九转金丹，收罗了所有酒菜瓜果，回花果山与众猴摆开了神仙酒会。

玉帝暴怒，倾天宫之兵将，捉拿猴王。天神们无论用斧砍、火烧、箭射，都损伤不了孙悟空一根毫毛。一路上的天兵天将，望风披靡。交战中猴王中了太上老君的暗算，不幸被擒。

老君将他送进炼丹炉，未想孙悟空并未被烧死，反使猴王更加神力无比。他跳出丹炉，打上灵霄宝殿。把天宫打得落花流水，吓得玉帝狼狈逃跑。大闹天宫之后的孙悟空回到花果山，重竖“齐天大圣”旗幡，跟孩儿们过起了幸福的生活。

这是一部艺术与趣味相映生辉的故事，运用了中国传统的水彩画法和京剧锣鼓点配乐，将我们的民族特色在片中发挥得淋漓尽致。孙悟空的一句“孩儿们，操练起来！”成为多少人童年时的美好回忆：天庭中美轮美奂的风景令人赞不绝口，大圣醉酒后的胡闹让人忍俊不禁，猴王与二郎神的对决更是百看不厌……结局是孙悟空成功后的一片祥和之气，使我们在观看的同时也受到精神的鼓舞。

教育要点

1. 孙悟空是正义力量的代表

《大闹天宫》讲述的是家喻户晓的猴王闹天宫的故事，取自神话名著《西游记》中的片段。孙悟空那种不屈不挠的斗争精神，奋起金箍棒，横扫一切妖魔鬼怪的大无畏气概，反映了人民的愿望和要求。他代表了一种正义的力量，表现出人民战胜一切困难的必胜信念。

人最可贵的心理品质之一就是自信心。一个人有了自信心，就能使自己不屈不挠地攀登上人生的最高峰。

2. 孙悟空是孩子心目中的英雄

孙悟空是我国文学史神话创作中塑造得最为完整的英雄形象。酷爱自由，追求自由，通过自己的艰苦斗争去获取自由，是孙悟空性格的显著特征之一。

3. 低年段的孩子渴望获得成功的体验

低年段的孩子已经在生活、学习中获得过成就感，体会到了自己的力量，尝到了成功的甜头，并因此希望“我来”“我自己做”，相信自己“我能行”等等，所以对于这一阶段的孩子，最重要的是教师要对他们已有的自信加以保护、培养，为他们创造更多的条件，使他们获得更多学习的机会，获得更多成功的体验。

中国人有一个根深蒂固的观念——望子成龙、望女成凤。父母自己争取不到的社会地位，实现不了的理想希望孩子这一代帮他们去实现。

许多孩子都处在这样巨大的压力下，在他们成长过程中，父母总要求他们必须不断进步，却很少考虑他们是否具有这样的能力，是否有信心去

《大闹天宫》剧照

面对这么多的困难和期望。

自信心是一个人对自身价值和能力的充分认识与评价。它是激励人们自强不息地实现理想的内部动力，是一个人成才所必备的良好心理素质和健康的个性品质。

如果平时没有培养他们的自信心，当困难一来，事情一多，期望一高时，他们丝毫也没有信心去面对每一件事。具体表现在：对什么事都不敢尝试、害怕竞争、害怕失败……培养学生的自信心，是我们每个家长义不容辞的责任。

4. 孙悟空带给孩子们自信的力量

在影片里，孙悟空的形象并不能简单地认为是有妖必除、除妖必尽的英雄形象，他还是勇敢智慧、乐观坚定、充满自信的正面形象。

比如说“拿金箍棒”：老龙王不信孙悟空会拿到金箍棒，孙悟空却做到了。还有“处刑孙悟空”：众仙要把孙悟空处死，结果各种酷刑全无效果。这告诉我们要想成功，必须经历磨难，它们就像酷刑一样给你带来挫折，但是只有坚强，才能挺过难关，走向成功。

我们有要学习孙悟空的地方，也有不该学习的地方。该学习的地方是要学习他这种顽强斗争的精神，面对如此多的天兵天将，还能镇定自若，临危不惧地同他们作斗争，这种勇气值得我们去学习。

不该学习的地方是他的调皮。玉帝让他去看守蟠桃园，结果他把蟠桃全吃了。此外，他还毁了王母娘娘的蟠桃宴!

有一位名人说过：大人物与小人物的区别在于有没有意志力和自信心，只要具备了意志力和自信心，除了违反法律的事以外，世界上没有事能难倒你。

自信心，是对自己的完全相信，但不是盲目相信，是对自己明确的认识和把握。相信自己，是因为自己做不到的事别人也一定做不到。

自信的能力不是与生俱来的，而是通过锻炼不断形成和发展起来的。

5. 孩子们需要孙悟空这样的偶像

在“每月一事”项目中，我们要让每个孩子都抬起头来走路。抬起头来意味着对自己、对未来、对所要做的事情充满信心。任何一个人，当他

《大闹天宫》剧照

昂首挺胸、大步前进的时候，在他的心里有诸多的潜台词——“我能行”“我的目标一定能达到”“我会干得很好的”“小小的挫折对我来说不算什么”……假如每一个学生，都有这样的心态，肯定能不断进步，成为德智体全面发展的好学生。

看完电影，我们必须意识到，生活在任何时候都不可能是一帆风顺的，随时都有可能遇到各种意想不到的挫折，面对挫折，如何才能不灰心，不低头，百折不挠，充满前进的信心和勇气呢？怎样培养学生良好的承受挫折的能力呢？

学会适时适度地把一些问题、障碍交给孩子处理，让孩子经受挫折的考验，久而久之，他们处事能力增强了，承受能力也会随之增强。

《孟子·告子下》中强调：“故天将降大任于是人也，必先苦其心志，劳其筋骨，饿其体肤，空乏其身，行拂乱其所为，所以动心忍性，曾益其所不能。”教育孩子坦然地接受挫折，积极地面对挫折，把挫折看作是一次严格的考验，是前进道路上必经的关口。

让我们用爱心精心培育我们的花朵，让他们沐浴着阳光，开得更加灿烂！

共鸣共行

请你问一问孩子——

你有没有做一件事情因为遇到了困难而苦恼，或者产生了放弃的念头呢？如果付出了努力还是失败了，难免产生挫折感。这个时候，是振作起来还是放弃，两者之间有很大差异，我们一定要像孙悟空那样，对所做的事情全力以赴，然后争取获得更好的成果。相信自己，做自己命运的主角，不要轻易地放弃，一定要坚持到底，相信自我是一个非常重要的观念。

请你问一问自己——

如果你是孩子的父母或者老师，你是否总是担心孩子做不好，有想要保护孩子的冲动？从现在开始，请静静地在一旁给予支持就好。你要告诉孩子：每一次对困难的成功跨越，都是对自己的一次肯定，都会增加一份自信。

如果我们一再地指示孩子要这样、要那样，这样的督促只会让孩子更胆小。当孩子战胜了困难，实现了自己的愿望时，自信心就会提高，我们应该格外留意孩子的第一次尝试，这将是他人生道路上的良好起步。希望看了这部电影，你能反思自己，学会对孩子放手，让孩子在自信中长大，让你的爱带着孩子自信起来。

相关推荐

推荐影片信息

影片名：《超级无敌掌门狗：引鹅入室》
导 演：尼克·帕克
编 剧：鲍勃·贝克　尼克·帕克　布莱恩·希伯理
主 演：彼得·萨利斯
类 型：喜剧　动画　短片
制片国家/地区：英国
语 言：英语
上映时间：1993年
片 长：30分钟

李西西推荐语

可爱的卡通人物一样可以营造出令人窒息的紧张氛围。

面对可怕的坏蛋，狗狗阿米表现出了强大的自信、睿智与勇敢！

梦想与幻想的距离

——《小鸡快跑》

导赏：王兮（四川省成都市石室双楠实验学校）

影片信息

影片名：《小鸡快跑》
导 演：尼克·帕克　彼得·洛伊德
编 剧：厄克·帕克
凯利·柯克帕特里克
凯利·阿斯博瑞
主 演：茱莉亚·萨瓦哈　梅尔·吉布森
菲尔·丹尼尔斯　简·霍洛克斯
艾美达·斯丹顿　蒂莫西·斯波
类 型：家庭　喜剧　动画
制片国家 / 地区：英国
语 言：英语
上映时间：2001年
片 长：84分钟

影片赏析

生活在农场里的姜妹是一只向往自由的鸡。于是，故事的开头，便是她利用一只勺子挖开了农场铁丝网的一条缝隙，并成功逃了出去。姜妹的梦想不仅是自己想获得自由，她还希望能够拯救整个农场的鸡们。于是，她不幸被发现了，并被关进了黑屋。于是，故事便在她不断设计逃跑计划，又不断被农场主发现中展开。

就在姜妹继续筹划她的逃跑计划时，故事的冲突和矛盾第一次被激化——一只名叫爱德文娜的母鸡因为没有下蛋遭到了农场主太太的宰杀！看到这一幕，姜妹再次坚定了她逃跑的决心。但是，鸡群却是有分歧的，个别鸡建议不要逃跑，情愿用每天坚持下蛋来保住自己被圈养在农舍里的小命。当姜妹成功说服了大家要坚定逃跑的决心后，如何逃走又成了大家一致面对的难题。

就在姜妹一筹莫展之际，一只从天而降的会飞的鸡出现在了姜妹的视野。这只来自马戏团的洛基·罗德和姜妹达成了协议，姜妹庇护他不被马戏团发现，他教其他鸡如何飞翔，从而逃离养鸡场。

这只来自马戏团的飞鸡罗德似乎是故事里拯救大家的英雄，他在设计了一连串锻炼健身飞行前的准备后，却并没有让小鸡们飞起来。就在这时，冲突再次升级，农场主太太不再满足于卖鸡蛋这样的微薄利润，她订购了一台全自动机器，只要将小鸡放进机器里，就能制作出美味的鸡肉馅饼。不幸的是，姜妹成了第一个试验品。

此时，罗德的英雄主义再次得到了渲染，他奋不顾身救出了姜妹，他的行为不仅破坏了机器，还为逃离赢得了时间，也消除了姜妹之前对他的种种怀疑。

故事突然峰回路转。第二天，在大家满心期待看飞鸡罗德如何飞行时，姜妹发现他不见了。这时，大家才明白真相——他哪里会飞，他分明是被炮弹打上了天空！

姜妹并没有放弃，她从那枚被罗德丢弃的皇家飞行勋章中获得了灵感，在老鼠的帮助下制造好飞机，最后在迷途知返的飞鸡罗德帮助下带领大家成功逃离。故事获得了一个圆满的结局：大家实现了愿望，在一个没有农场主的青青草地上无忧无虑地过着幸福自由的生活。

《小鸡快跑》剧照

教育要点

1. 接纳

从大多数的美国电影中你都可以找出一个英雄主义的模式来，这部来自于英国的故事里，你同样可以找出英雄，但在我看来，这样的英雄却并非姜妹一人。姜妹的性格特征非常鲜明突出：坚决，不屈不挠，聪明理智，具有领导才干。然而相比之下，那只马戏团的飞鸡罗德角色更加丰满。如果给我们的男主角画一条情节曲线图，应该是这样的：受到召唤（意外掉进养鸡场，答应姜妹带鸡们飞离养鸡场）——拒绝召唤（表面装出胸有成竹的样子，对鸡们进行飞行训练，实际上他并没有这个能耐）——磨难（帮助姜妹逃离制作鸡肉馅饼的机器，获得了认可）——逃离（在逃离中学会面对自我，重新审视内心）——返回（回到农场，帮助姜妹和其他鸡们成功获得自由）——复活（找寻到自己内在的力量和优秀的品质，并获得爱情）。在这只马戏团飞鸡罗德身上，我们会看到自己或自己孩子的影子。如果把姜妹看成父母或领导，那么我们就是那只被逼迫作出承诺的马戏团的飞鸡罗德，因为喜欢被表扬、被赞美的虚荣，因为没有这个能力又不愿意说穿谎言，于是阳奉阴违，两面派，最后怕露出马脚，只能逃之夭夭。而成长就是对错误的担当，所以他的回归就在于他敢于面对自己，敢于承担自己造成的影响，也敢于担负起保护其他鸡们安全的责任。

2. 坚持

影片中，姜妹的很多话都可以被称为经典。比如，她在鼓舞其他同伴一起逃离，追寻自由的生活时，她说："围栏不仅仅将农场围住了，也将你们的思想围住了。"我一下子被这句话深深地吸引。梦想的魅力在于它能让我们解放身体和思想，不是像井底之蛙只看现在，而是立足于远方并为之奋斗。姜妹的可贵之处也在于这一点，她并不是幻想家，幻想家只是想想而已，而姜妹是不断尝试，不断失败，又不断尝试，即便被一而再、再而三地投进了监狱，仍然不屈服于原本的命运，坚持自己的梦想，勇于追求自由。要么获得自由，要么为自由而死。所以从这个意义上来讲，姜妹更像是一个革命者。命运，是指事物由定数和变数组合进行的一种模

《小鸡快跑》剧照

式。命是定数，指某个特定对象；运为变数，指时空转换。姜妹不愿意遵从“一生都在下蛋，然后被拔毛、填料、烘烤”——所谓的鸡的命运，最终她团结鸡群，运用智慧，制作飞机逃离了养鸡场。她的坚持改变了自己和同伴的命运。尤其是故事的高潮部分，面对所有的逆境，鸡们已经乱作一团，发生内讧，似乎毫无希望，姜妹仍然能从那枚勋章中找到办法。由此，我们可以和孩子进行讨论，姜妹明明可以单独逃离，为什么她一定要带着其他鸡们一起逃？为什么看似不可能完成的逃离计划，姜妹却成功了，她的成功取决于哪些因素？成功有时候也许真的只是一步之遥，你再努力一步，再坚持一下，也许终点就在前方。

在故事里，还有一只鸡也给我们留下了深刻印象。那就是鸡群们的首领——公鸡福罗。他的角色始终代表的是权威和规则——趾高气扬，他常说的一句话是“当初我在皇家空军”，炫耀自己曾经作为皇家空军一员的了不起。然而，事实是，他并不会驾驶飞机，他所谓的皇家空军中的一员也是他为了保有权威的谎言和借口。这一点，他和那只飞鸡罗德有类似之处。在故事的结尾处，他同样也获得了成长，不再是那个幻想自己驾驶了飞机的鸡，而真正成了飞行员，他也实现了自己的梦想。

共鸣共行

请你问一问孩子——

你有什么梦想？你放弃过你的梦想吗？你实现过什么梦想？你是不是愿意像那只叫姜妹的小鸡一样，制订每一次的计划，并且不断去实践、验证，最重要的是在失败中不断总结经验，在逆境中也永不放弃呢？

对于中年级的孩子来说，他们的梦想往往是高高在上，看起来缥缈不定。当孩子有了实现梦想的愿望时，务必要让孩子珍惜这个心愿并且要努力学会脚踏实地地做好每一步。

如果你想成为科学家，那么是否应该阅读一些科学书籍，了解一些科学原理，再进行一些科学实验呢？

如果你希望成为音乐家，那么是不是应该每天坚持练琴，认真学习乐理知识，还可以了解一些关于音乐家的故事，借此激励自己呢？

总之，行动才是通往梦想的唯一路径。

请你问一问自己——

我儿时的梦想是什么，它实现了吗？它最终实现或者沦为幻想的原因是什么？就像筷子兄弟唱的那首歌《老男孩》里的一句："梦想总是遥不可及，是不是应该放弃？当初的愿望实现了吗？事到如今只好祭奠吗？"

一部好的电影，它的解读应该是多元化的。敦蒂先生明明早就发现了小鸡们的预谋，却被自己的太太不断否定"都是你想象的"，并且让他不断对自己重复这句话，固化这种心理暗示，还羞辱他——"除你之外，它们是世界上最蠢的动物"。所以敦蒂先生明明占了先机，却毁于一个不相信自己、不断否定自己的太太手里。

所以，请你问问自己，在教育孩子的过程中，面对孩子的发现和质疑，你是否太过于草率的否定过？你是否总是扮演着权威的角色，打击了孩子最初的探究和好奇心？

当然，还有一种情况是，孩子或学生用谎言来欺骗你。你可以在故事里找到这样的原型——罗德和福罗。故事里的小鸡谎言的背后实质是什么呢？或许只是一个自己理想的原型吧。请你试着理解孩子在成长中的种种问题，用你的鼓励和信任去唤醒他，就像姜妹一样。只有你的内心足够强大，你才能带动你的孩子和学生去走向更好的自己。

相关推荐

推荐影片信息

影片名：《勇敢传说》
导 演： 马克·安德鲁斯　布兰达·查普曼　史蒂夫·普切尔
编 剧： 布兰达·查普曼　艾琳·梅琪　马克·安德鲁斯　史蒂夫·普切尔
主 演： 艾玛·汤普森　凯莉·麦克唐纳　凯文·麦克基德　朱丽·沃特斯　比利·康诺利
类 型： 喜剧　动作　动画　家庭　奇幻　冒险
制片国家 / 地区： 美国
语 言： 英语
上映时间： 2012年
片 长： 95分钟

李西西推荐语

勇敢是属于所谓“小男子汉”的独有品质，这是一种举世公认的世俗偏见。梅莉达不但具备射箭、攀岩、不怕黑、敢于反抗世俗偏见、追寻自我解放等通常意义上的勇敢，更重要的是：她能正视自己的错误，敢于放下虚荣，敢于向自己所爱的人道歉，敢于真正改变那些不好的自己，这才是最了不起的勇敢。

做命运的王者

——《狮子王》

导赏：吴艳（四川省宜宾市人民路小学）

影片信息

影片名：《狮子王》

导 演： 罗杰·艾勒斯　罗伯·明可夫

编 剧： 艾琳·梅琪　乔纳森·罗伯特　琳达·沃尔夫顿

主 演： 马修·布罗德里克　詹姆斯·厄尔·琼斯　杰瑞米·艾恩斯　内森·连恩　莫伊拉·凯利　埃林·萨欠拉

类 型： 动画　冒险　剧情　励志

制片国家 / 地区： 美国

语 言： 英语

上映时间： 1994年

片 长： 89分钟

影片赏析

当太阳从水平线上升起时，非洲大草原苏醒了，万兽群集，荣耀欢呼，共同庆贺狮王穆法沙和王后沙拉碧孕育的小王子辛巴的诞生。

可是狮王的兄弟刀疤对辛巴的出生仇恨不已，他认为如果不是辛巴，自己将会继承王位，因此在他心中埋下了罪恶的种子。

时光飞逝，辛巴已经长成健康、聪明的小狮子了，可他的叔叔刀疤却一刻也没有放弃对他的嫉恨。一次，在刀疤的引诱下，辛巴和好朋友娜娜去国界外的大象墓地探险，3只受刀疤指使的土狼开始围攻辛巴，狮王穆法沙突然出现了，辛巴和娜娜得救了。后来，刀疤又引诱辛巴到了一个山谷，然后指使土狼们追击角马。大批角马朝辛巴狂奔过来，穆法沙又及时赶到，救出辛巴，可自己却被弟弟刀疤推下了山谷。

辛巴在死寂的山谷里发现了一动不动的父亲。他心里悲痛而内疚，以为是自己害死了父亲。辛巴背负“杀父”的罪名而流浪漂泊。在身心疲惫的时候友情的来临给他以新生的希望与活力，在丁满和彭彭的开导下他体会了生命的快乐与友情的珍贵，开始了新的生活。

一次偶然机会，辛巴和儿时的伙伴娜娜相遇了。娜娜告诉辛巴，自从刀疤当上国王后，大家就处在水深火热之中，她要辛巴回到狮子王国，可是辛巴没有答应。巫师拉法奇也找到辛巴，在他的劝说和父亲神灵的教导下，辛巴决定回狮子王国拯救子民。

当得知刀疤才是杀了穆法沙的凶手时，愤怒之中，辛巴产生了无穷的力量，他奋力跃起，将刀疤一下打倒在地。辛巴在母亲和朋友们的欢呼与祝福声中，统领了整个荣耀之国。

教育要点

《狮子王》是一部探究有关生命中爱、责任与学习的温馨作品。它向我们展示了一个新生的壮阔世界，让我们体验到爱与冒险的生命感动。让

《狮子王》剧照

我们学会自信、乐观、勇敢、坚强、担当。让我们看到，连大自然的动物都知道什么叫爱，什么是责任，作为人类的我们也许并没有它们那么纯洁，我们应该互相学习，了解人生的真谛，让人与人和睦相处，营造一个充满爱的世界。

1. 选择逃避

辛巴作为主角，天性顽皮，然而在以后的成长历程里却给他带来了身心的巨大变化。儿时受到叔叔刀疤的欺骗与仇恨，因单纯而丝毫没有察觉他复杂的野心，背负“杀父”的罪名而流浪漂泊，他选择了逃避。身处热带丛林的狐獴和疣猪，为来自大草原的小狮子打开了一扇新世界的门，新世界里没有责任、没有压力，只要不念过去、不思未来，就能安闲舒适地活在当下。

这一切的经历让我们想到了人的成长，特别是当代的孩子身上，表现得更为明显。现在的中小学生，大多数是独生子女，可以说他们是家中的“小皇帝”或“小公主”，他们是被“抱大”的一代，在家庭当中享受了全方位的照顾：衣来伸手、饭来张口、有求必应、百依百顺。面对困难和挫折时，他们推卸责任的多，主动认错、勇于担责的少；面对困难时，选择逃避、绕道而行的多，直面困难、解决困难的少；面对作业，被动应付、字迹潦草的多，积极主动、按时按量完成的少。实际上这是学生责任心不强，不能勇于担当，逃避心理的具体表现，对学生将来的发展会造成诸多的影响，对学生身心健康极为不利。它会导致学生对事物的认识存在偏激，在成长过程中不能从自身找原因，不能健康地发展，不敢直面困难，缺乏解决困难的勇气，出现信念不坚定、意志力减退、学习被动应付、生活萎靡不振等现象，进一步发展还可能出现埋怨他人，仇视社会，怨恨社会不公，向犯罪心理或病态心理转化。

2. 勇敢面对

辛巴在新世界里安闲舒适地生活时，与儿时的伙伴娜娜相遇了。从娜娜口中知道了自从刀疤当上国王后，大家就处在水深火热之中，这让他为自己的逃避感到内心的不安。巫师拉法奇也找到辛巴，在他的劝说和父亲神灵的教导下，辛巴决定回狮子王国拯救子民。他有了新生的希望与活力，变得勇敢而成熟，最后与刀疤进行决战。

辛巴这一转变又一次告诉我们：面对困难，我们要勇敢、坚强，要有担当意识。生活的道路即使是坎坷难行的，但只要一如既往地照着自己的目标走下去，我们就能成功。遇到挫折，我们要勇敢地去面对，想办法去战胜。生活中我们必须担负起自己该负的责任，不要逃避，要积极正面地处理，而不是在一旁掉眼泪。小狮子辛巴满身飒爽的体毛，在巅峰被风吹得好闪亮。他的瞳孔里，流露出的是坚定的信念；他的血液里，流淌着的是责任的重担。正因为这种信念，最终狮子王才会在荣耀石上接受洗礼。对于中小学生来说，这部动画可能要给予他们更多的感受，甚至会成为他们心底永久的动力和力量。动画中的画面很有意境，辛巴抬头望着天空中的星星，定格成一种遥远的向往和追求，让我们的心也朝着那远处仰望，梦想着更大的自由，梦想着自己也能对过往回忆和对明天憧憬。

3. 父爱如山

这部作品成功地塑造了一个伟大父亲的形象。穆法沙很爱儿子辛巴，他以宽容的心态来包容辛巴的顽皮，且以他独特的智慧和魅力在无形中影响着辛巴的成长。虽然儿子不断犯错，但是我们看到的是父亲行为中对儿子深沉的父爱。特别是穆法沙为了救被角马群追赶的辛巴那一幕，让人为之动容，穆法沙为了守护辛巴，付出了生命的代价，且这种爱指引和鼓励着儿子的成长。父亲是山，无论你有多大的困难，他总是你依靠的屏障；父亲是路，无论孩子走到哪里，他都为孩子指点迷津。他教孩子如何面对困难，如何面对自己的人生。因为父亲就是天上闪亮的星星，在你迷茫时给你指明方向，给你带来光明和希望。

4. 导师引路

影片再一次告诉我们，导师的力量是无穷的。导师便犹如黑夜里闪烁的北斗星，指引你前进的方向。当然，人们的际遇千差万别，所需要的导师亦各有不同。真正能引导你的，兴许会是读书时那个有点谢顶、刀子嘴豆腐心的班主任，又或者是工作中那个脾气暴躁、做事认真严谨的领导，还可能是旅途上那个博古通今、挂着温暖笑容的背包客。在辛巴的生命

《狮子王》剧照

里，长老拉菲奇当仁不让扮演起了导师的角色。这位长老精通洗礼与占卜之术，看起来神神叨叨，实际上极富智慧。浮现于天空的穆法沙魂灵，不是拉菲奇制造的幻觉，也不是辛巴想象的错觉，却是拉菲奇帮助辛巴找到的内心深处的自我。

5. 朋友影响

对于成长，朋友的作用也很大。对于一个孩子的成长来说，其实走过路程的长短不重要，重要的是在走过的路上遇见了什么人。当你悲伤的时候，会不会有人来安慰，带你纵情地吃喝玩乐忘掉烦忧？当你失落的时候，会不会有人来鼓励，告诉你一切其实都没那么糟糕？当你绝望的时候，会不会有人来支持，陪在你身边给你拥抱不离不弃？如果以上答案都是肯定的，恭喜你，何其荣幸拥有贵如珍宝的友情。或长或短的一生中，总会遇见很多的同学、同事、同乡们，可能成为朋友的却少之又少。原来朋友一场，也讲究运气和缘分，而丁满和彭彭就是辛巴的运气和缘分。

共鸣共行

请你问一问孩子——

你有没有因为遇到困难而沮丧、难过、甚至放弃呢？人的一生不会是一帆风顺的，都会遇到不同困难和挫折。而遇到困难时，有些人会从中寻求希望，愈挫愈勇，以更加饱满的斗志继续人生的旅途。而有些人则先想到逃避，让自己沉睡在迷茫中，希望时间的流逝能冲淡这段痛苦的回忆。不同的人对待困难持有不同的态度，这就出现了不同的人有不同的命运。你认为自己该怎么做呢？

穆法沙那深沉的父爱是否更能感动你？你想一想，你是否就拥有着这样的爱呢？其实我们都拥有着：那是个风雨交加的夜晚，我发着高烧，是谁冒雨背我出门找医院？马虎的我忘记带课本了，是谁心急火燎地给我送上课本？那是一顿再普通不过的晚餐，我喜欢吃的菜总会在碗中堆成小山，那是为什么呢？原来，那深沉的父爱和母爱我们一直都拥有着，只是我们没有细心地去感受和发现。孩子，用心去感受吧！

请你问一问自己——

父母对孩子的影响是潜移默化的，模仿的天性让孩子在日常生活中学习了父母的言行举止，什么样的父母就会有什么样的孩子。望门多出贵子，寒门多有贫士，所以辛巴一如穆法沙那般心怀慈悲的勇敢，而不似刀疤那般满腔恨意的奸诈。虽然彼时辛巴尚且年幼、不谙世事，但其父的王者风范及仁者气度早已一点一点地刻入了他的内心，只等长大后一次命运攸关的抉择就能被唤醒。

如果你是孩子的老师，你是否是孩子生命中的指路灯，当孩子遇到困难时，帮孩子找到自信、战胜困难呢？

相关推荐

推荐影片信息

影片名：《勇敢的心》
导 演： 梅尔・吉布森
编 剧： 兰道尔・华莱士
主 演： 梅尔・吉布森　苏菲・玛索　布莱恩・考克斯　詹姆斯・卡沙莫　辛・劳洛
类 型： 动作　传记　历史　战争
制片国家 / 地区： 美国
语 言： 英语　法语　拉丁语　苏格兰盖尔语
上映时间： 1995 年
片 长： 177 分钟

李西西推荐语

拥有勇敢之心的骑士，威廉・华莱士先生差一点就改写了故事里的历史。

他失败了，但他对自由理想的执着与献身精神与世长存，他的英名也从此万古流芳。

十二月份

自省

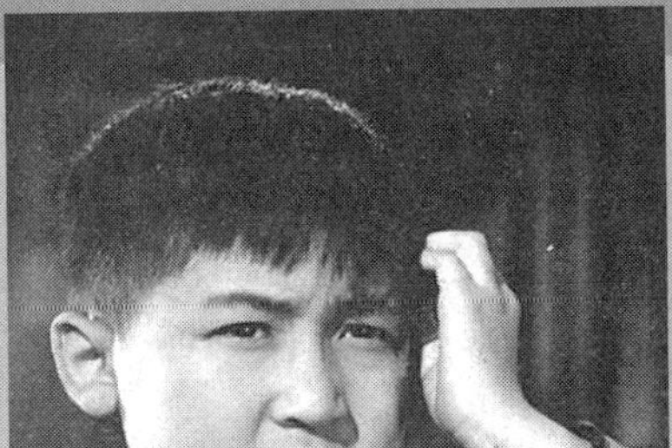

俗话说，失败是成功之母。

又有人说，成功才会激发成功。

其实，重要的不是这一件事的成功与失败，而是从这一次成与败中自省。

懂得从失败中寻找教训的人，哪怕此时失败，成功也近在咫尺。

懂得从成功中总结反思经验的人，成功之后，还将迎来新的成功。

归根结底在于，外在的一切，只是外因。就像最好的教育是自我教育一样，一个人真正的成长其实来自于自省。

自省，能激发成长的不竭动力。

成为真正的人

——《木偶奇遇记》

导赏：赵素香（河南省焦作市马村区工人村小学）

影片信息

影片名：《木偶奇遇记》
导 演： 汉密尔顿·卢斯科 宾·沙普斯坦
编 剧： 卡洛·科洛迪 泰德·西尔斯 韦布·史密斯
主 演： 梅尔·布兰科 迪克·琼斯 弗兰基·达罗 克里夫·爱德华兹
类 型： 动画 音乐 奇幻
制片国家/地区： 美国
语 言： 英语
上映时间： 1940年
片 长： 88分钟

影片赏析

孤独、善良、技艺高超的木匠葛派特亲手制作了一个木偶男孩——匹诺曹，他每天会带木偶听音乐、跳舞。有一天晚上葛派特对着星空许愿："要是匹诺曹能变成真正的男孩该多好呀！"一位蓝衣仙女感动于木匠的善良和真诚，就赋予了木偶匹诺曹生命，并且赐给了他良心，还告诉匹诺曹要想成为真正的男孩必须通过自己的努力。于是，小木偶匹诺曹开始了他的成长之旅。匹诺曹在去上学的第一天就受到狐狸和野猫的诱惑，并被卖给贪财的马戏团老板作为赚钱工具，蓝衣仙女赶来救了他。匹诺曹向蓝衣仙女撒了谎，导致长出长鼻子，鼻子上还有了鸟窝。在蟋蟀的指引下，在匹诺曹的恳求下，仙子给了他一次改过的机会，把他的鼻子变回了原样，并把他从牢笼中解救了出来。

匹诺曹和蟋蟀在一起回家的路上，又一次受到狐狸和野猫的诱惑，这次他被卖给了邪恶的商人，商人诱捕生活中所有不听话的孩子，将他们带到所谓的快乐岛，在那里孩子们吸烟、打架、暴饮暴食，随心所欲地疯玩之后就会被变成驴子再被贩卖。在关键时刻匹诺曹发现了这个秘密，此刻，匹诺曹已经长出了驴耳朵和驴尾巴，在蟋蟀的帮助下匹诺曹逃了出来。

匹诺曹终于回到了家，回家后才知道爸爸为了寻找他被鲸鱼吞食了。匹诺曹为了救出爸爸，勇敢地来到海底找到了鲸鱼肚子里的爸爸。经过重重困难，匹诺曹利用自己的聪明才智，机智勇敢地救出了爸爸，他自己却在海浪的冲击下奄奄一息。正当爸爸伤心地以为匹诺曹已经死了的时候，经过考验的匹诺曹慢慢地苏醒过来，终于成为一个真正的男孩子。

教育要点

“当你对着星星许愿，你是谁并没有区别，你所期望的任何事物都会来到你的身边，如果你的心中充满梦想，没有什么请求是太过分的。当你像个爱做梦的人那样，对着星星许愿，命运是仁慈的，她带给那些充满爱意的人们，满足渴望的甜蜜感觉。就如同突如其来的霹雳一般，命运衡量着罪恶，并且始终注视着你。当你对着星星许愿，你的梦想就会变为现实。”这是影片中的主题曲， 每个人都有自己的梦想，每位父母的梦想都是一样的，希望自己的孩子变得正直善良，因为每个孩子都是父母的一件作品。

1. 用爱陪伴孩子成长

在善良的老木匠葛派特的家里，随处可见的是各种富有生机的玩具，黑猫费加洛、金鱼克利奥让老木匠葛派特的生活变得幸福充实。老木匠葛派特最得意的一件作品还是他制作的一个木偶。他很喜欢这个木偶，他精心地给木偶画上了动感十足的眉毛，画上了活灵活现的嘴巴，还给小木偶起了一个好听的名字，他希望小木偶能变成真正的孩子。葛派特所做的这些让我突然觉得这就是我们的父母，他期待着孩子的到来，他憧憬孩子的未来。

善良的老木匠葛派特经常给大家带来很多欢乐，在他制作好这个木偶之后，刚好看到一颗很大的流星，于是，他向流星许愿，希望他心爱的木偶能有一天变成一个真正的男孩。

老木匠葛派特的善良和真诚感动了蓝衣仙女，蓝衣仙女满足了老木匠的愿望——赋予了小木偶生命，爱让梦想成真！蓝衣仙女还派蟋蟀做小木偶的良心，希望在良心的指引下小木偶能变成真正的小男孩。

是的，老木匠葛派特的梦想实现了，老木匠是那么的开心，就像我们所有的父母迎接孩子到来一样。有了孩子，就意味着我们要承担一份教育的责任。在孩子的成长过程中，我们要时时处处关注孩子的安全，我们要教育他如何对待事物，我们要让他到学校学习，要负责孩子所有的生活。仅仅这些还是不够的，我们要关注孩子的成长过程中的各种问题……一个孩子的到来，他会打破这个家庭原本的生活格局。

每个孩子的成长都需要父母的爱，但父爱与母爱是完全不同的两种爱。母爱细腻、温柔，在母爱中，男孩能得到满足感；而父爱博大、粗犷，在父爱中，男孩能找到方向感。在这部电影中，老木匠葛派特就承担了一个父亲的角色。男孩的成长需要榜样，他们常常会不自觉地把父亲当成自己的榜样。然而，父亲要想做好男孩的榜样也并不是易事，在男孩成长的每一个阶段，他所需要的榜样是不断变化的，父亲的行为每时每刻都在影响着男孩，对他们以后的成长具有深远的意义。我深深地佩服老木匠葛派特，因为他无私地爱着匹诺曹，一次次地原谅他，对这个孩子总是充满了信心，才使得小木偶明白了道理，知道了自己的过错。

2. 成为孩子生命中的重要他人

蓝衣仙女在影片中的角色恰恰是一个母亲的角色，老木匠葛派特制造了一个小木偶，蓝衣仙女给了小木偶生命，生命是一件珍贵的礼物。即便是有了生命，要想成为真正的男孩子，必须通过匹诺曹自己的努力去实现。在小木偶成长的过程中，蓝衣仙女还给小木偶安排了小蟋蟀做他的良心。良心是充满智慧的贵族，是遇到诱惑时的顾问，是碰到困难险阻时的向导。某种意义上说小蟋蟀吉明尼是蓝衣仙女的化身，也承担了一个母亲在孩子成长道路上的教育任务。曾有心理学家说过这样一句话："母亲的爱让我们迷恋，但母亲过度的爱却会使一个男孩长不大，使他永远停留在小男孩的状态。"而影片中蓝衣仙女就像一个智慧的妈妈，在匹诺曹被商

《木偶奇遇记》剧照

人锁在大木箱子里的时候，这是匹诺曹自己无法挣脱的事情，蓝衣仙女才会降临。孩子内心的一种想做好孩子的愿望让匹诺曹不好意思正面见到蓝衣仙女，因为想努力做个好孩子，所以就一次次说谎。虽然蓝衣仙女是来帮助匹诺曹的，但还是惩罚了他的说谎——说一次谎，让他的鼻子长长一些。直到匹诺曹认识到说谎的害处为止。因此没有惩戒的教育是不完整的教育。说谎长出长鼻子或者长出驴耳朵，这些虽然是童话中的情节，但是在现实生活中只要人说了谎，总是会给你的心里打上一个印记的，就像长鼻子和驴耳朵一样无形地存在于人的心里。每次蓝衣仙女降临施行神助，她都会把勇敢、诚实和无私这些做人的原则传递给匹诺曹，这才是作为智慧母亲的做法。除此之外，她把大部分的教育交给了良心——小蟋蟀吉明尼，她希望匹诺曹能够在每一件事中学会反思、学会自律，在这个影片里更多体现的是小木偶心灵的自我成长。

3. 相信生命的奇迹

匹诺曹在上学的路上很快就发现了自己和其他男孩子还是不一样，因为他的不一样所以被狐狸和野猫盯上。因经不住诱惑而去了剧场，这其实与一个孩子的天真，与孩子的虚荣、贪玩有着直接的关系，这时候由于没有学习，他是不会听从良心的呼唤的，直到被关进笼子之后，他才开始反省自己的行为。此刻，匹诺曹看不到老木匠在漆黑的夜里出来寻找他，但是我们的孩子能看到，我们的孩子此刻一定会作出一个选择，父母是多么担心我们，我们不能任性去做一些事情。是的，有时候我们应该想想如果这样做，父母会怎样？狐狸和野猫的花言巧语让匹诺曹又一次上当了，他为了自由玩乐去快乐岛，在那里玩耍、游戏、抽烟、免费吃午餐……当他发现快乐岛的秘密后，最终觉悟，实现自我救赎之路。他不怕艰难困苦去寻找爸爸，总算最后能够全家大团圆。

影片成功地塑造了小木偶的形象。他聪明、善良、顽皮而又任性、贪吃、撒谎，故事给孩子们以有益的教诲和艺术的感染。其实在儿童世界里贪吃、说谎是一种天性，这是最简单、最普遍的。关键是如何通过自身的努力得到成长。这个故事无疑是完美的，因为它让我们看到了匹诺曹的自我救赎、自我成长之路。

除此以外，影片还反映了人与自然的和谐相处。影片中老木匠葛派特跟木偶、小猫、金鱼的和谐相处，木偶跟猫、鱼的和谐相处，无不在潜意识中告诉我们，原来自然界中的任何种种都是可以和平、和谐地相处的，传达出了一种人与自然的和谐之美。

共鸣共行

请你问一问孩子——

你是想成为一个被人用线牵着的木偶，还是想成为真正的孩子？现在的你，就是一个真正的孩子吗？你通过了勇气、忠心以及诚实的考验吗？你敢于坦白地认错吗？撒一个谎往往要用更多的谎言来自圆其说，而保持一颗诚实的心并诚实地面对生活才能让人问心无愧，得到别人的尊重，才能成为一个真正的孩子。

你喜欢蟋蟀吗？那么，你喜欢像蟋蟀一样不停唠叨的父母和老师吗？为什么？

请你问一问自己——

这部电影向我们演绎了一个孩子曲折的成长历程，演示了一个孩子如何学会抵御种种诱惑，成长为一个诚实、听话、爱学习、爱劳动，并能帮助父母的好孩子。

在生活中，我们的孩子会犯这样或者那样的错误，也许我们太严厉了，不允许他们犯一点点的错误，很多好孩子到最后真的成了坏孩子。“请相信，每一个孩子都有着一颗善良的心。只要细心呵护，再贫瘠的心灵土壤上都能开出美丽的人性之花。”

其实，每位父母都爱自己的孩子，希望自己的儿女能懂事、健康、快乐，可是如何爱呢？你能够像影片中那样，为孩子提供蓝衣仙女的帮助、老木匠的爱心、蟋蟀的不离不弃的教育吗？那些是匹诺曹能够自我觉醒的前提。

相关推荐

推荐影片信息

影片名：《小马虎》

导 演：刘蕙仪

编 剧：伍伦　刘蕙仪

类 型：动画　短片

制片国家 / 地区：中国

语 言：普通话

上映时间：1980年

片 长：20分钟

李西西推荐语

马小虎同学，外号小马虎，幸福快乐地生活在马虎国，简直是绝配。

可小马虎不但不爱马虎国，反而要逃走。这是怎么回事呢？所有马马虎虎的朋友们，请来看一看、想一想吧！

让我们学会反思

——《宝葫芦的秘密》

导赏：王艳（江苏省淮安市天津路小学）

影片信息

影片名：《宝葫芦的秘密》

导 演：杨小仲

编 剧：杨小仲　殷子　蒋天流

主 演：徐方　茂路　张宁　温和

类 型：喜剧　儿童　奇幻

制片国家 / 地区：中国

语 言：普通话

上映时间：1963 年

片 长：68 分钟

影片赏析

著名导演冯小刚说，电影就像一面镜子。《宝葫芦的秘密》便是这样一面镜子，它成功地映射出了不同时代小学生相同的生活和心理状态。

小学生王葆在家里是一个备受宠溺的孩子，奶奶无微不至地照顾着他的生活起居：怕他上学迟到，及时提醒；怕他没吃饱，赶快塞上一块蛋糕；怕他受凉，又急忙给他送上外套……在学校里，他却处处受气：数学课上，因做不出数学题，被老师批评；科技小组里又因为工作不精细，遭到同学的取笑……

他垂头丧气地回到家，开始做他最头疼的数学题目。这时，听到了奶奶给妹妹讲宝葫芦的故事：“有个孩子很乖，他得到了一个宝葫芦……有了这个宝贝呀，要什么就会有什么，想什么就来什么……”

一天，当他在湖边垂钓又一无所获时，他自言自语：“真气人！不能老让他们笑话我！我要走在他们前头，我要胜过大家，我要数学满分，我要为集体干很多事……最好不费力气！”结果，神奇的宝葫芦真的出现了。

神通广大的宝葫芦帮助王葆实现了很多愿望：体会飞上蓝天的快乐，提着装满鱼的桶回家，快速完成自己最最头疼的数学作业……它让王葆获得了很多短暂的快乐。

可是，更多的尴尬却也伴随出现：在小河里，竟然钓上来金鱼。到学校图书馆借《科学知识》，同学肖民生刚刚把书还来，其他等待借这本书的同学还没动手，它已经跑到了他的书包里。在文娱室里，与同学下象棋，对方的一只马十分厉害，他便想吃掉它，刹那间，这只马飞进了他的嘴里……

频频发生的怪事，让王葆认识到：宝葫芦并不是无所不能的宝贝，它还可能是个坏东西！于是，他作出了一个重大的决定：扔掉宝葫芦，并且向同学们揭露它的秘密……

《宝葫芦的秘密》，原为儿童文学作家张天翼的作品，在1963年和2007年分别被搬上银屏。两个不同的电影版本，各有优长。相较而言，1963年改编的版本更有趣味。

教育要点

故事，一向是孩子们的最爱。如果一个故事能以充满想象力的方式如实呈现孩子的心灵状态，并带着爱和鼓励，提供一种解决方案，或提供一个看待事物的新视角，孩子就会接收到故事中的信息，令人惊喜的改变会由此而发生。

电影《宝葫芦的秘密》会让孩子们接收到一些怎样的信息呢？又会让我们家长或老师接收到哪些信息呢？

1. 反思：我是否可以“要什么就有什么”

不管在哪个时代，相信每个孩子都有一个超炫的梦想，那就是拥有一个“要什么就会有什么，想什么就会来什么……”的宝贝，这个宝贝可以帮自己搞定成堆的作业，可以让时光穿越最艰难的时期，停留在最快乐的时刻，还可以满足自己更多的大大小小的心愿……

可是看完影片后，孩子们会下意识地对照影片中的王葆，开始反思：

《宝葫芦的秘密》剧照

我可以“要什么就会有什么”吗？

比如，在玩具店里，看到好玩的玩具都想要该怎么办呢？需要都把它们买下来吗？都买下来的结果会怎么样？所以，我们应该按需购买东西，我们的欲望也应该有所节制才对。

最好的教育是自我教育。当孩子开始反思自己的思想，对自己的行为保持警觉时，他已经迈出了成长的第一步。

2. 反省：我“错”在哪里

影片最后，王葆在令他头疼的数学考试中，绞尽脑汁，仍然有很多的题目不会做。于是，他抱有一丝的侥幸，希望宝葫芦能助他一臂之力。没想到宝葫芦再展身手，一招“乾坤大挪移”，将同学的试卷直接转送到王葆手中。最后，不但没有帮到王葆，还让他在老师和同学面前丢尽脸面。

他开始了彻底地反思。

他质问宝葫芦：“谁叫你拿别人的考卷?”

他难以置信："那以前的吃的、玩的都是从别人那儿搬来的？……"

他愤怒地大喊："这是偷！这是偷！"

是的，想不费力气，又想"要什么就有什么"，实现这种不劳而获的想法的唯一途径，只能依靠瞒天过海的"偷"……

无限地相信孩子的力量，当然，包括这种自我纠错的力量！意识到问题的严重性后，王葆开始了具体的行动：扔掉宝葫芦，用刀劈，用火烧，向老师和同学揭露宝葫芦真正的秘密……

影片中的王葆开始相信自己，凡事依靠自己：自己决定是否要和同学分享食物，自己决定是否需要再穿衣服，并且要努力和同学复习功课，迎接期中考试……

影片外的我们的孩子，会采取怎样的行动呢？

这就需要我们家长和老师敏锐地觉察，并不露声色地鼓励，渐渐地，让孩子的这种积极的反思和行动变成一种习惯。

苏格拉底说："未经省察的人生没有价值。"对于成长中的孩子来说，尤其需要时常反省自己的言行。而我们家长和老师，也不要剥夺了孩子的这种自我反思和成长的权利。

3. 反观：听话教育会导致什么后果

电影中王葆奶奶的形象，很典型。

时隔半个世纪，我们教育孩子的语言依然是："要听奶奶（爸爸、妈妈、老师）的话！""要做个乖孩子！"……

可以说，听话教育是中国式教育的核心。

这样的教育会导致什么样的结果呢？

影片开头，王葆明明说已经吃饱了，可是，还是选择了听奶奶的话，抓起一块蛋糕往嘴里塞！明明他没感觉到冷，可还是带上了奶奶送上的外套。想起前段时间网上流传的一个段子：有一种冷，叫妈妈觉得你冷！在长辈们无微不至的照顾下，我们孩子的身体是否已逐渐丧失自己判断温饱冷暖的能力了？

听话哲学，戕害的不仅是孩子的身体，还有孩子的精神。一直被要求听话的孩子，他的精神生命会越来越虚弱。

影片最后，奶奶意识到"这孩子，变了！"相信奶奶也会采取具体的

《宝葫芦的秘密》剧照

行动，开始慢慢尊重王葆的想法和行为。

我们呢？是否也需要向奶奶学习？是否可以像股神巴菲特的父亲一样，不断教导孩子说："尊重你的感觉！"

这种感觉可以是身体的，也可以是心里的，让孩子学会去感受自我内在的声音，让孩子的精神生命也越来越壮硕。

当然，影片中还有很多值得我们成人反思的地方。比如：在对王葆的教育中，父母缺席。这和现在的留守儿童现象很相似，值得我们反思。影片中的老师是一位优秀的老师，她会鼓励孩子的进步，会指出孩子身上存在的问题，但是，却始终没能走进孩子的心灵，始终没能在孩子困惑时，给予引领。

共鸣共行

请你问一问孩子——

你和王葆有哪些相似之处？引导孩子找到和影片的共鸣点，借鉴影片的解决方案，积极采取行动。

你有哪些愿望？是不是所有的愿望都要实现？在物质生活极度富足的今天，我们可以轻而易举地实现孩子的很多愿望，满足孩子的很多需求。可是，我们也要让孩子学会节制自己的欲望，让孩子渐渐学会思考：“哪些才是我真正想要的？”

哪些愿望你可以通过自己的努力实现？你打算怎么做？引导孩子将想法转化为具体的行动，并且和孩子一起制订切实可行的计划，帮助孩子逐渐养成反思、自律的习惯。

请你问一问自己——

作为孩子的父母或者老师，我的教育行为中是否有听话教育的影子？我尊重孩子吗？

我能走进孩子的内心世界吗？我能看见孩子的细微变化吗？

优秀的影片可以让观影的每个人，从不同角度，照见自己，获得一些启迪！让我们和孩子一起，学会反思，成长为更好的自己！

相关推荐

推荐影片信息

影片名：《蜜蜂总动员》
导 演：保罗·莫杜尼奥
类 型：动画
制片国家/地区：意大利
语 言：意大利语
上映时间：2003年
片 长：70分钟
又 名：《小蜜蜂朱利亚和夫人的生活》

李西西推荐语

“没有你，就没有我。没有我，你就只有一次。只有你，这个世界就太狭小了。”

小蜜蜂不理解为什么要不停地劳动，于是偷懒，旷工，大闹特闹，引出一个梦幻奇异的故事。

和好莱坞同题材电影相比，本片无论画面还是音乐都与众不同，整个故事那样的富有哲思、耐人寻味。

真爱才有幸福

——《真爱无尽》

导赏：何富强（四川省宜宾市人民路小学）

影片信息

影片名：《真爱无尽》
导 演：简·拉塞尔
编 剧：娜塔莉·巴比特
主 演：乔纳森·杰克逊
威廉·赫特
希茜·斯派塞克
类 型：幻想　家庭　爱情　剧情
制片国家/地区：美国
语 言：英语
上映时间：2002年
片 长：90分钟

影片赏析

本片根据娜塔利·巴比特所著的经典魔幻小说改编。美丽的少女云妮生活在一个显赫的贵族家族，家族有着高雅的规矩与礼数。

可在正值青春叛逆期的少女云妮内心，这些繁文缛节好比当时夏日的酷暑般沉闷，于是她渴望摆脱母亲严厉的控制，一直渴望冲出庄园的围栏。

一次，她终于迈出了脚步，来到了属于自己家族的神秘森林，在一棵刻有“T”字的大树下，遇到了一个名叫杰西·塔克的少年。

从此云妮结识了塔克一家，杰西与父母和哥哥住在森林里一处隐秘的小屋里，他们看似平常的外表背后其实隐藏着一个天大的秘密：因为饮用了具有神奇魔力的泉水，他们全都可以永生不老！但是永生不老也成为一种永无止境的折磨，他们要通过不断迁徙来避开常人异样的眼光。

云妮与杰西相爱了，他们在森林里唱歌、跳舞、沐浴、奔跑……杰西毫不保留地将自己家族永生的秘密告诉了云妮，但永生并不像世人所想的那么美好，生活没有了时间，塔克家族也就失去了新生和心中的期盼，同时备受着亲人逝去的痛苦。

一个黄衣怪客追踪而至，他伺机夺取泉水从中获得暴利，塔克一家必须全力阻止黄衣怪客的阴谋。

而云妮此时则面临抉择，是重返温馨家人的普通世界，还是为了与杰西之间的爱情选择承受永生不老的折磨？

教育要点

生命与死亡是一个现实与深邃的话题，是该珍惜未来，还是应该守护过去，是该追梦永生，还是该珍爱短暂，对照影片，发人深省。

1. 叛逆

我们每个人的生活方式和内容都不一样，但似乎都在不断地重复，于是我们都会感到厌倦。云妮生活在一个规矩森严的家族，父母的严加约束，家族的繁文缛节让她觉得快要窒息。

她和母亲上街去买点心，穷人们简单的棒球游戏吸引了她，她不自觉地加入了游戏，但很快得到了母亲严厉的制止，礼貌的她没有正面反驳，但内心进一步让她对现在的生活方式感到厌倦。

在自己地处美丽森林里的有着铁栏杆的围墙的家，一个黄衣人与她的一段交流，让她觉得非常快乐，但也得到了母亲的严厉呵斥。云妮深刻地觉得自己的生活是一个囚笼，想要冲出去的想法越来越强烈。

这样的情节不由得让我们深省，我们在教育孩子的问题上是否也过于

《真爱无尽》剧照

霸道了，往往根据自己的喜好而设计孩子的喜好，和孩子之间缺乏有效地沟通，经常用家长式的命令口吻来阻止孩子的行为，造成当下的孩子的整个成长过程都变成了叛逆期。

2. 永生

永生是本片阐述的焦点。云妮终于来到了森林，闯入塔克家族，第一次去尽情地探索、提问、游戏、奔跑、跳舞、释放，享受到了从来没有的快乐。这不得不让我们反思：我们应该让孩子去亲近大自然，拥抱大自然，同时给孩子一些广阔的空间和童话梦想。

然而最梦幻的要属塔克家族的永生的秘密，他们不自觉地喝下了不老泉的泉水，从此得到了永生，永远停留在了生命的那一刻，不会生病，不会摔伤，甚至连刀、枪都无法伤及他们，这是一个让多少人梦寐以求的童话梦想，让人憧憬和幻想。

可是事与愿违，得到永生的人并不一定就幸福，他们经历了无数亲人和朋友的生离死别，猫没有喝泉水而病死离去了，哥哥的无数战友在他的身边死去。同时，他们被当作另类不断地迁徙躲避，生活在孤独的世界里，备受着亲人逝去的痛苦，云妮的到来给他们的生活增添了无限的乐趣，更让他们感到生活的珍贵。

故事让人进一步体会到，生活中事事不能强求，有得必有失，得到的不一定就是美好的，塔克家族的长生却给他们带来了永世的痛苦，“最可怕的不是死亡，而是没有死亡的生活!”失去的有时却是我们应该珍惜和思念的，云妮从家中离去，云妮父母的那种担忧，不惜用整个森林乃至生命为代价找回女儿，他们没有勇气失去最心爱的女儿。

云妮面临亲情和永生爱情的艰难选择，最终云妮的墓碑告诉我们，云妮选择了现实，选择了有死亡的生命年轮，选择了陪伴亲人。

外婆和妈妈在临死前的最后相拥，妈妈真情告知：“每天我看你都不一样，我真怕像失去外婆一样失去你。”

生命年轮里的爱绝不只有爱情，还有亲情和友情，爱不是必须永远活着才会宝贵，短暂和思念往往才是最珍贵的。云妮和杰西在森林里的那一次短暂的相处，云妮和亲人用一生相依相偎，尽管不能永生，但却一定幸

《真爱无尽》剧照

福。珍惜当下，珍重身边，珍爱生命吧，因为真爱无尽。

共鸣共行

请你问一问孩子——

你们有没有对现实的规矩、父亲的严厉、母亲的唠叨感觉很烦呢？有没有梦想着有一天，逃离种种烦恼，去过一种无忧无虑、充满冒险精神的生活呢？我想肯定是有的，其实，这些都是不同的爱的表现，只是你暂时没有理解，而这些爱一旦消失，那就不再有真实的生命，也就不会拥有痛苦、幸福、思念等生活的味道，心中了无牵挂，其实就是一种空虚，所以请每个孩子珍惜现在、努力学习、努力生活。

影片还告诉我们：一旦没有了短暂，就不会懂得珍惜；没有了瞬间，就不会体味幸福；没有了老去，就不会体会人生不同年龄阶段的价值；没有了死亡，就将永远没有新生。

请你问一问自己——

有没有对自己的孩子过于苛刻，要求孩子这样、那样？甚至还让孩子沿着自己设计的轨道成长、发展？有没有对生离死别的恐惧？看完这部关于生命与死亡的影片，不得不让我们更加珍惜生活、珍惜真爱、珍惜美好、珍惜现在、珍惜身边的每一个人和物。

相关推荐

推荐影片信息

影片名：《夏洛特的网》
导 演：盖瑞・温尼克
编 剧：苏珊娜・格兰特　凯瑞・柯克帕特里克
主 演：达科塔・范宁　史蒂夫・布西密
朱莉娅・罗伯茨　罗伯特・雷德福
约翰・克立斯
类 型：喜剧　家庭　奇幻
制片国家 / 地区：美国　德国
语 言：英语
上映时间：2006 年
片 长：97 分钟

李西西推荐语

一个讥诮风趣、意味深长的故事。

蜘蛛生命短暂，对生死轮回通透超然，对朋友充满冷静的热忱。

小猪贪生怕死，大呼小叫，靠着朋友的帮助，过上了幸福快乐的生活……

如果我们作为小猪，只是为了自己熏肉火腿的命运恐惧和忧伤，却不去寻求改变，难道就不该反省一下吗？

死亡并不可怕，可怕的是未曾真正活过。